Die Danmark-Methode

Ralph Böttcher

Die Danmark-Methode

Wie Sie mit dänischem Führungsstil auf Augenhöhe
die Veränderungen in der Arbeitswelt meistern

1. Auflage

Haufe Group
Freiburg · München · Stuttgart

Bibliografische Information der Deutschen Nationalbibliothek

Die Deutsche Nationalbibliothek verzeichnet diese Publikation in der Deutschen Nationalbibliografie; detaillierte bibliografische Daten sind im Internet über http://dnb.dnb.de abrufbar.

Print: ISBN 978-3-648-11496-4 Bestell-Nr. 10283-0001
ePub: ISBN 978-3-648-11499-5 Bestell-Nr. 10283-0100
ePDF: ISBN 978-3-648-11504-6 Bestell-Nr. 10283-0150

Ralph Böttcher
Die Danmark-Methode
1. Auflage 2019

© 2019 Haufe-Lexware GmbH & Co. KG, Freiburg
www.haufe.de
info@haufe.de
Produktmanagement: Jürgen Fischer

Lektorat: Helmut Haunreiter, Marktl am Inn
Satz: kühn & weyh Software GmbH, Satz und Medien, Freiburg
Umschlag: RED GmbH, Krailling

Inhaltsverzeichnis

Vorwort: Arbeit ist das halbe Leben

Habe ich eine Arbeit, die mich glücklich macht? Wer diese Frage mit ja beantworten kann, der führt mit großer Wahrscheinlichkeit auch ein glückliches Leben. Denn die meisten von uns verbringen einen Großteil ihres Lebens bei der Arbeit. Mich hat es schon immer fasziniert, welche Faktoren einen bei der Arbeit fördern und welche hinderlich sind.

Während meiner Karriere vom Steuerfachangestellten zum Unternehmer mit mehr als fünf Millionen Euro Jahresumsatz habe ich mich immer wieder gefragt: Wie will ich mit meinen Kollegen umgehen? Mit welcher Einstellung möchte ich meine Arbeit erledigen?

Was mich in diesen Fragen wohl am meisten beeinflusst hat, ist der Kontakt mit der Kultur Dänemarks und mit dänischen Firmen. Ich habe festgestellt, dass viele Dinge, die ich mit den Jahren mühsam gelernt habe, in Dänemark selbstverständlich sind, wie etwa die Betonung des guten Miteinanders in der Firma.

Da ich weder Glücksforscher noch Psychologe bin, berichte ich im Folgenden vor allem von meinen eigenen Erfahrungen; von dem, was sich für mich bewährt hat. Wenn ich von »Arbeit« spreche, meine ich vor allem die sogenannten »White collar«-Berufe (Weißkragen-Berufe), also Berufe mit Bürotätigkeiten wie bei mir in der Steuerberatungskanzlei. Zudem werde ich einige Experten und Studien zitieren, die mich auf meinem Weg inspiriert und beeinflusst haben.

Vorbild Dänemark
Warum aber hat mich Dänemark so sehr beeinflusst? Bekanntlich zählen die Dänen seit Jahren zu den glücklichsten Völkern der Welt. Deutschland liegt im aktuellen Weltglücksreport weit abgeschlagen auf Platz 16. Seit Jahren betreue ich mit meiner Firma »DanRevision« fast ausschließlich dänische Kunden. Und je besser ich Land und Leute kennenlerne, desto weniger wundere ich mich über die unterschiedlichen Ergebnisse.

In den vergangenen Jahren habe ich mir viele Dinge bei den Dänen abgeschaut und dadurch meine ganz eigene Art entwickelt, mein Unternehmen zu führen. Ich nenne diese Art die »Danmark-Methode«.

Nicht selten ecke ich mit meinen in Deutschland oft ungewöhnlich erscheinenden Ansichten an. Nicht jeder versteht sofort, warum bei mir die Menschen und das gute Miteinander der Mitarbeiter im Mittelpunkt der Arbeit stehen.

Meine Vision ist, dass sich viele Leser von den hier präsentierten Ideen und Methoden inspirieren lassen, nebenbei eine Menge über Dänemark lernen – und verstehen, warum die Menschen dort so glücklich sind. Das hat aus meiner Sicht nämlich nicht nur mit Hygge, also dem viel beschriebenen Sinn für Gemütlichkeit zu tun, sondern auch mit der Art und Weise, wie sie miteinander arbeiten.

Ihr

Ralph Böttcher

Teil 1
Warum wir eine neue Art der Unternehmensführung brauchen

Und was wir dabei von den Dänen lernen können

Eine neue Art zu führen

Um zu verstehen, was ich mit der *Danmark-Methode* meine, hilft es, wenn Sie mich und meine Geschichte etwas besser kennenlernen. Keine Sorge: Ich will Ihnen nicht meine komplette Lebensgeschichte erzählen, sondern nur die entscheidenden Stationen meiner beruflichen und unternehmerischen Entwicklung. Aus diesen Erfahrungen ist nach und nach mein persönlicher Führungsstil entstanden, den ich die *Danmark-Methode* nenne.

Mancher wird sich vielleicht fragen: Braucht es denn eigentlich eine neue Art der Unternehmensführung, einen neuen Zugang zum Thema Arbeit? Ja, davon bin ich fest überzeugt. Und nicht nur ich: Neulich waren bei »Zeit Online« diese Zeilen über den Wandel in der Arbeitswelt zu lesen (Zeit Online hat übrigens extra ein neues Arbeitsressort gegründet, um diesen Wandel journalistisch zu begleiten):

Alte Hierarchien wanken, neue Kompetenzen werden gebraucht (...) Unsere eher jungen Leser diskutieren immer seltener über Karriere. Sie beschäftigt nicht der schnelle Aufstieg, sondern der Sinn ihres Tuns. Statt nach einem möglichst guten Gehalt suchen sie nach einer Aufgabe fürs Leben und nach einem Umfeld, in dem sie sich mit ihrer ganzen Persönlichkeiteinbringen können. Dabei ecken sie in Unternehmen an, die effiziente Aufgabenerfüllung belohnen, aber nicht die Eigenständigkeit ihrer Mitarbeiter. Der Wunsch vieler Berufstätiger nach Selbstverwirklichung verändert die Art, wie Führung funktioniert.[1]

Dass wir angesichts der Arbeitnehmer von morgen in Deutschland dringend eine neue Führungskultur brauchen, legen diverse Untersuchungen nahe. So kommt etwa die Studie »Führungskultur in Deutschland« von Prof. Dr. Alexander Cisik von der Hochschule Niederrhein zu dem Ergebnis, dass ein deutliches Missverhältnis herrscht zwischen Anspruchsniveau (»Meine Führungskraft fordert von mir höchstes Engagement«) und Unterstützungsangebot (»Meine Führungskraft bietet mir attraktive Perspektiven für die

---

1   http://blog.zeit.de/fragen/2017/09/13/wir-nennen-es-arbeit/, abgerufen am 5.8.2018

Zukunft«, »Meine Führungskraft fördert meine persönliche Entwicklung«).[2] Die meisten Unternehmen scheinen für die Ansprüche der Generation Y also nicht gerüstet zu sein. Mehr dazu erfahren Sie im Kapitel »Neue Anforderungen an Führungskräfte«.

Aus den Zeilen des Zeit-Online-Textes spricht für mich vor allem der Wunsch der jungen Generation nach Selbstbestimmung. Eine Entwicklung, die mir sehr sympathisch ist. Von klein auf habe ich von meinen Eltern gelernt, selbstständig Entscheidungen zu treffen. Sie sagten mir stets: »Du musst das selbst entscheiden! Sie präsentierten mir dann lediglich, wie sie es machen würden. Doch die Entscheidung lag bei mir.

---

2 http://www.cisikconsulting.de/wp-content/uploads/2016/10/Führungskultur-in-Deutschland_Management-Summary_September-2016.pdf, abgerufen am 5.9.2018

Eine Chance für die Arbeitswelt

Wie im Zeit-Online-Text zu lesen war, stellen die sogenannten »Millennials« oder die »Generation Y« unsere bisherige Art zu arbeiten infrage. Aus meiner Sicht ist das eine tolle Chance für die Arbeitswelt: Weg vom reinen Broterwerb hin zu etwas, das man gerne tut – in einem Umfeld, das keine Zweckgemeinschaft ist, sondern in dem Menschen kooperieren und sich wohlfühlen.

Dass Arbeit nicht nur reiner Broterwerb ist, lernte ich schon früh von meinem Vater. Die folgende Geschichte charakterisiert sein Wesen für mich bis heute am besten: In meiner frühen Jugendzeit bekam mein Vater eine Anstellung bei der Deutschen Post, er wurde sogar zum Beamten auf Lebenszeit mit sicherer Pension ernannt. Freunde und Familie waren begeistert über diese sichere Stelle. Doch auf diesem Posten hielt es ihn genau eine Woche, dann kündigte er und machte sich mit einer Gastronomie selbstständig. Er hatte den Gedanken nicht ausgehalten, die nächsten 30 Jahre seines Lebens bei der Post zu verbringen. Bereut hat er seine Entscheidung nie.

Die Gastronomie als Lehrstube

In der Gastronomie kam ich zum ersten Mal mit dem Thema Geld in Kontakt. Täglich lag viel Geld auf dem Tisch und jeden Morgen wurde es gezählt: Es wurden Häufchen gemacht und ich dachte, das kann man jetzt alles ausgeben. Hier erhielt ich meine erste Lektion: Das Geld war vor allem dafür da, Rechnungen zu bezahlen. So wurde ich mit viel Geld groß, das uns aber irgendwie nie gehörte.

Als mich die Lehrer in der zwölften Klasse einmal fragten, was ich werden wollte, kam die Antwort prompt: reich. Heute habe ich eine etwas andere Definition von Reichsein, doch damals meinte ich schlicht, eine Menge Geld zu verdienen.

Das Thema Geld spielt auch in der Danmark-Methode eine Rolle. Denn nicht nur die Art des Arbeitens, auch die Einstellung zum Thema Vergütung wird von der jungen Generation gerade neu definiert. »Glück schlägt Geld – Generation Y: Was wir wirklich wollen« heißt etwa ein Buch, das die junge Journalistin Kerstin Bund über ihre Generation geschrieben hat. Für mich ist es entscheidend, herauszufinden, ob jemand seinen Job vor allem wegen des Geldes macht oder weil er wirklich motiviert ist, weil er ihm Freude bereitet. Wie ich das herausfinde, lesen Sie in Teil 2 dieses Buches.

Doch zurück zur Gastronomie. Dort bekam ich von klein auf mit, wie meine Eltern mit ihren Mitarbeitern umgingen. Ich hatte das Gefühl, dass die Mitarbeiter immer Spaß bei der Arbeit hatten, obwohl es eigentlich immer stressig war. Meine Eltern waren für sie da, wenn es einmal ein Problem gab.

Ich glaube, dieser Aspekt wird immer wieder unterschätzt: Vorgesetzte und Mitarbeiter sollten sich bei der Arbeit gut fühlen. Das haben mir – wie erwähnt – schon meine Eltern gezeigt. Aber am meisten habe ich in dieser Hinsicht vielleicht vom Kontakt mit den Dänen gelernt.

Auf das Glück der Dänen werde ich im Kapitel »Warum die Dänen glückliche Arbeitnehmer sind« noch ausführlich eingehen, doch hier ein kleiner Vorgeschmack: In einer Studie von 2017 – dem sogenannten *Job Satisfaction*

Index – wurden mehrere Hauptfaktoren festgestellt, die die Arbeitswelt in Dänemark zu etwas Besonderem machen. Sie lauten:

- Bedeutung und Sinn der Arbeit,
- das Gefühl, die Arbeit unter Kontrolle zu haben und zu schaffen,
- die Qualität der Führungskräfte,
- Ausgeglichenheit zwischen Arbeit und Privatleben,
- das Gefühl, tatsächlich etwas bewegen zu können und das Sagen zu haben,
- der Fortschritt oder die Ziele der Arbeit,
- gutes Klima unter Kollegen und Kolleginnen.

Menschen in Dänemark haben auf einer Skala von 0 bis 100 einen durchschnittlichen Wert von 74, was ihre Jobzufriedenheit betrifft, und einen Wert von 77 bezogen auf das allgemeine Glück und die Lebenszufriedenheit. Diese Zahlen sind überdurchschnittlich hoch und sie sind repräsentativ für alle Branchen und Arbeitsbereiche: Auch deshalb zählt Dänemark zu den glücklichsten Völkern Europas und sogar der Welt.

Dies ist wohl der Hauptgrund, warum ich meinen Führungsstil die *Danmark-Methode* nenne: Weil es mir in hohem Maße darum geht, einen Arbeitsplatz zu schaffen, der für Glück und Zufriedenheit sorgt. Dass manch deutscher Kollege mich belächelt, wenn ich solche Dinge sage, ist vermutlich eine Begründung dafür, warum Deutschland in Glücksstudien eher auf den hinteren Rängen zu finden ist.

Man kann also sagen, dass die *Danmark-Methode* zwei Ursprünge hat: Einerseits ist sie geprägt von dem, was meine Eltern mir auf den Weg gegeben haben. Andererseits von dem, was ich durch meine Arbeit mit den Dänen gelernt habe.

Der Drang nach Selbstständigkeit

Weil mir von Kindesbeinen an Selbstständigkeit vorgelebt wurde, entwickelte ich mich zu einem Jungen, der oft aneckte. Die Fähigkeit, Dinge zu hinterfragen und mir meine eigenen Gedanken zu machen, sehe ich heute als einen wesentlichen Bestandteil meines Erfolges; in der Schule war diese Fähigkeit von meinen Lehrern allerdings nicht sehr geschätzt worden.

Mein Abitur absolvierte ich eher durchschnittlich, was nicht zuletzt an meiner mündlichen Sportprüfung lag, in der ich nur einen Punkt bekam, weil ich in Strandkleidung erschienen war. »Das macht man nicht, Herr Böttcher«, sagten die Lehrer.

Ich habe das deutsche Schulsystem erst Jahre nach meiner Ausbildung und beruflichen Tätigkeit verstanden: Es geht in Deutschland vor allem um Noten, nicht darum, etwas für das Leben zu lernen. Je angepasster und systemkonformer der Schüler, desto besser.

Systemkonform war ich ganz und gar nicht und fast wäre das nach dem Abitur zum Problem geworden: Ich hatte schlicht und einfach vergessen, mich um eine Arbeit zu bemühen. Als mir das auffiel, war Steuerfachangestellter der einzige noch zu bekommende Beruf. Also startete ich mit der Ausbildung zum Steuerfachangestellten. Die musste ich aber gleich wieder unterbrechen, weil ich mir beim Sport einen Kreuzbandriss zuzog und ein halbes Jahr nicht richtig laufen konnte.

Als ich wieder fit war, erklärte ich meinem Chef, ich wolle die Ausbildung auf zweieinhalb Jahre verkürzen. Inzwischen hatte ich verstanden, dass es in Deutschland wichtig ist, immer zu den Besten zu gehören – daher wollte ich beste Noten bei kürzestem Zeiteinsatz. Darauf sagte er: »Herr Böttcher, so geht das nicht und das schaffen Sie nicht.« Ich solle ihm und mir etwas Gutes tun und einen anderen Beruf lernen. »Das wird nichts«, meinte er.

Es wurde doch etwas. Sogar mit der Note zwei. Nun wollte ich anfangen zu studieren und bis zum Studienstart arbeiten. Dann kam die Überraschung:

Mein Chef fragte mich, ob ich nicht bleiben wolle. Klar wollte ich – zumindest bis zum Studium.

Auch das BWL-Studium absolvierte ich unter der Regelstudienzeit – und bekam dafür vom Bafög-Amt eine sogenannte »leistungsbelohnende Ermäßigung«, die dazu führte, dass ich nahezu gar nichts zurückzahlen musste. Ich habe das Wirtschaftsstudium im wahrsten Sinne des Wortes so wirtschaftlich wie möglich absolviert, wie ein Journalist es einmal in einem Zeitungsartikel über die DanRevision schön formuliert hat.

Für die Millenials ist Selbstdenken selbstverständlich

Warum erzähle ich Ihnen das alles? Weil Unternehmen durch die neue Generation der Generation Y oder der Millenials zunehmend mit solchen »Querdenkern« wie mir konfrontiert sind. Darüber kann man sich als Arbeitgeber natürlich ärgern und sich die »guten alten«, weil einfachen, weniger anspruchsvollen, Zeiten zurückwünschen. Oder man kann umdenken, mitgehen und die Arbeitswelt zum Positiven verändern. Denn wie man an meinem Beispiel sieht, können aus noch so aufmüpfigen Querdenkern durchaus erfolgreiche Arbeitskräfte und Unternehmer werden, wenn man ihnen den nötigen Freiraum gibt. Mehr über die Charakteristika der jungen Generation im Kapitel »Die Generation Y und ihre Ansprüche an die Arbeitswelt«.

Aus meiner Sicht ist es extrem wichtig, selbstständigen Menschen den Freiraum zu geben, sich auszuprobieren, Fehler zu machen und ihr Potenzial zu entfalten. Aus dieser Überzeugung heraus bin ich seit einiger Zeit Mitglied der »Akademie für Potentialentfaltung«, die der Neurobiologe Gerald Hüther ins Leben gerufen hat.

Ich zitiere von der Webseite:

Das in uns Menschen angelegte Potential ist bisher nur in Ansätzen zur Entfaltung gekommen. Der Grund dafür ist nicht die begrenzte Entwicklungsfähigkeit unserer Gehirne, sondern unsere Unfähigkeit zur Herausbildung von kokreativen Gemeinschaften.
Solche Gemeinschaften zeichnen sich dadurch aus, dass sie jedem einzelnen Mitglied nicht nur größtmögliche Freiräume, sondern auch optimale Möglichkeiten und Anregungen für seine individuelle Entwicklung bieten und gleichzeitig ein Höchstmaß an Verbundenheit und Geborgenheit gewährleisten.
Die Mitglieder solcher individualisierten Gemeinschaften machen sich nicht länger gegenseitig zu Objekten ihrer jeweiligen Absichten und Interessen oder ihrer Erwartungen und Bewertungen. Stattdessen begegnen sie einander als Subjekte. Sie emanzipieren sich von ihren Objektrollen und beginnen so als Einzelne wie auch als Gemeinschaft über sich hinauszuwachsen.

Die Ermöglichung solcher Transformationsprozesse der bisherigen Beziehungs-kultur in eine Kultur der Begegnung, des Austausches und der Potential-entfaltung in Gemeinschaften ist das zentrale Anliegen der Akademie.[3]

Diese Zeilen taugen aus meiner Sicht ebenso gut als Idealbild des Miteinanders in einer Firma. Stellen Sie sich eine Arbeitsumgebung vor, in der es:

- »größtmögliche Freiräume«,
- »optimale Möglichkeiten und Anregungen für individuelle Entwicklung«
- und »ein Höchstmaß an Verbundenheit und Geborgenheit« gibt,
- und in der »Einzelne wie auch die Gemeinschaft über sich hinauswachsen«.

Hätten Sie nicht Lust, in einer solchen Firma zu arbeiten? Ich versuche jeden Tag aufs Neue, diese Ideale im Alltag meiner Firma umzusetzen. Wie? Dazu mehr in Teil 2 dieses Buches.

---

3   https://www.gerald-huether.de/content/initiativen/, abgerufen am 5.8.2018

Wie ich die Dänen erstmals kennenlernte

Gegen Ende meines Studiums bewarb ich mich um einen Job. Eigentlich wollte ich zu einer großen Firma – ich schickte Bewerbungen unter anderem an Hewlett Packard und BMW, doch die schrieben mir, ich sollte mich später noch einmal bewerben, da mein Studienende für sie noch in zu weiter Ferne lag.

Ich wollte mich aber *jetzt* um einen Job kümmern, nicht erst später. In einer Zeitungsannonce stieß ich auf eine Flensburger Steuerberatungsgesellschaft, die Prüfungsassistenten suchte. Also doch kein namhaftes Großunternehmen, aber immerhin eine gute Jobperspektive. Ich bewarb mich, wurde zum Vorstellungsgespräch eingeladen – und bekam den Job.

Mit einem der Partner der Steuerberatungsgesellschaft arbeitete ich zu Beginn besonders eng zusammen, sein Name war Jens Uwe Hansen (Name geändert). Eine leitende Angestellte hatte gerade gekündigt und er saß auf einem ganzen Berg Arbeit. Nun war er froh, mich als Assistenten zu haben.

Wie Jens Uwe Hansen mein Vorbild wurde

Jens Uwe Hansen war für die dänischen Projekte der Firma zuständig. Meine erste Woche in der neuen Firma verbrachte ich also damit, mich durch dänische Unterlagen zu wühlen und zu versuchen, dänische Steuerfachbegriffe zu entschlüsseln. Gleichzeitig lernte ich die besondere Liebe von Jens Uwe Hansen zu Dänemark kennen.

Ich mochte meinen neuen Chef von Anfang an. Er sprach so über seine Mitarbeiter, wie ich es in meiner Kindheit bei meinen Eltern gehört hatte. Es gab solche Menschen wie meine Eltern also nicht nur in meinen Kindheitserinnerungen. Er konnte zuhören, begegnete anderen mit Wertschätzung und war für einen da, wenn man ihn brauchte.

Nach einem Jahr in der Gesellschaft rief er mich in sein Büro und fragte: Herr Böttcher, wollen Sie meinen größten Kunden für mich betreuen? Sie müssen allerdings Dänisch lernen. Meine Antwort kam innerhalb von fünf Sekunden: Ja!

Nicht nur ein Arbeitskollege, sondern ein Freund

Vieles, was ich heute die *Danmark-Methode* nenne, habe ich von Jens Uwe Hansen gelernt. Er war jemand, der immer dieses gewisse Blitzen und Glänzen in den Augen hatte und sich unheimlich für jeden einzelnen Mitarbeiter engagierte. Wenn jemand sagte: »Das geht nicht«, kämpfte er so lange, bis es am Ende doch ging. Zudem hat er einem immer verziehen, wenn man einmal einen Fehler gemacht hat. Und ich habe – gerade in der Anfangszeit – viele Fehler gemacht.

Nach einiger Zeit verstarb mein Vater und fortan hatte ich in Jens Uwe Hansen nicht nur einen tollen Chef, sondern auch einen Freund, der mich in dieser schwierigen Situation unterstützte, wo es nur ging. Er motivierte mich auch, die Prüfung zum Steuerberater abzulegen. Nach der Prüfung kam er, der für mich bislang immer Herr Hansen gewesen war, im Büro auf mich zu und sagte: »Ich bin Jens.«

Da hatte er auch schon die nächste Idee: Er wollte eine neue Firma gründen, zusammen mit mir und einem dritten Partner, die DanRevision Flensburg-Handewitt. Die neue Firma sollte sich ausschließlich mit dänischen Mandaten befassen. Am 15.03.1997 legte er mir einen Kaufvertrag und Gesellschaftsvertrag vor, den ich nahezu blind unterzeichnete. Bereut habe ich es nie.

Im Jahr 2006 schied Jens Uwe Hansen dann aus der DanRevision Flensburg-Handewitt aus und auch mein anderer Partner schied zum Ende des Jahres 2013 aus.

Heute bin ich das alleinige einigende Band der DanRevision Unternehmensgruppe, die unterschiedliche, rechtlich selbstständige Unternehmen unter ihrem Dach hat. Bis heute ist sie für mich der Inbegriff des Wirkens von Jens Uwe Hansen und die Verkörperung des Menschenbildes meiner Eltern.

Das besondere dänische Gemeinschaftsgefühl »fællesskab«

Wie man in den vorherigen Kapiteln lesen konnte, handelt meine Geschichte überwiegend von meinen Beziehungen zu anderen Menschen. Ich bewunderte, wie meine Eltern mit ihren Mitarbeitern umgingen. Und ich bewunderte, wie Jens Uwe Hansen mit mir umging.

Ich verrate nicht zu viel, wenn ich sage, dass es in der Danmark-Methode zu großen Teilen darum geht, gute Beziehungen zu anderen zu schaffen. Doch wieso sind Beziehungen wichtig? Geht es bei der Arbeit nicht in erster Linie darum, eine Aufgabe zu erledigen? Sind Beziehungen nicht vor allem etwas, was wir zu Hause haben, zu unseren Partnern und Kindern?

Erst die Beziehung, dann die Aufgabe

Ich bin überzeugt, dass in jeder Firma die guten Beziehungen zwischen den Mitarbeitern an erster Stelle stehen sollten. Erst dann folgt die zu erledigende Aufgabe, das Projekt oder woran man gerade arbeitet.

Nach meiner Erfahrung sind die Dänen besonders gut darin, Beziehungen zu knüpfen. Es gibt für den starken Gemeinschaftssinn sogar ein eigenes Wort, die *fællesskab*. Ein Satz, den Sie in Dänemark häufig hören werden, ist: »Lad os gøre det i fællesskab.« – »Lass uns das gemeinsam erledigen.«

Das zeigt sich nicht nur bei der Arbeit, sondern auch im Alltag. Immer wieder staune ich, dass es etwa im Bus völlig üblich ist, sich beim Aussteigen vom Fahrer zu verabschieden und sich für die Fahrt zu bedanken. Vielleicht nicht unbedingt in einem vollen Stadtbus in Kopenhagen, aber fahren Sie einmal durchs ländliche Südjütland. Und nicht selten entsteht in einem Bus voller fremder Menschen eine Unterhaltung, als würde man sich schon seit Jahren kennen.

Wenn man an einem internationalen Flughafen beobachtet, wie zwei fremde Familien plötzlich herausfinden, dass sie beide aus Dänemark sind, dann fällt sofort die übliche Distanz ab und das Gefühl der Verbundenheit ist unverkennbar.

Die Liebe der Dänen zu ihrem Land

Mitunter geht die starke Identifikation mit der eigenen Landeszugehörigkeit soweit, dass etwa ganz normales Mineralwasser als Danskvand hervorgehoben wird, also als »dänisches Wasser«. Oder dass das Logo des elektrischen Handtrockners, der von der Firma Dan Dryer hergestellt wird und in fast allen Gaststättentoiletten hängt, aus einem Wikinger besteht, der stolz einen weiß-roten Helm auf dem Kopf trägt. Aber so hat man in jedem Fall etwas zum Schmunzeln.

Diese Liebe der Dänen zu ihrem Land ist übrigens historisch begründet: Anfang des 19. Jahrhunderts verlor das einst große und stolze Dänemark wichtige Bestandteile seines Territoriums. 1814 musste es Norwegen an Schweden abgeben, nach dem Deutsch-Dänischen Krieg 1864 noch mehrere Herzogtümer.

In der Folge konzentrierte sich Dänemark vor allem auf sich selbst. Große Denker wie Nikolai Frederik Severin Grundtvig, einer der Gründungsväter der dänischen Demokratie, hielten das dänische Volk für auserwählt und machten sich daran, dem Schmerz des Verlustes durch den Aufbau eines besonders schönen, wenn auch eben kleinen Landes entgegenzuwirken. Und hierdurch ist wohl auch das starke Gemeinschaftsgefühl, die *fællesskab*, entstanden.

Beziehungen spielen in Dänemark also eine enorm wichtige Rolle, privat und im Arbeitsleben. Dieser Eindruck wird für Außenstehende auch durch das informelle »du« gestärkt (gesiezt wird quasi nur die Königin), wobei viele Dänen darauf bestehen, dass ein »du« genau so respektvoll sein kann wie ein deutsches »Sie«.

Das dänische Schulsystem

Die Wichtigkeit guter Beziehungen ist auch im dänischen Schulsystem zu spüren. Meine Frau und ich haben uns deshalb bewusst dafür entschieden, unsere Töchter in das dänische Schulsystem zu schicken statt in das deutsche. Die Essenz des dänischen Bildungsgedankens findet sich aus meiner Sicht in den dänischen Nachschulen (»efterskoler«) wieder, auf die ich im Folgenden etwas genauer eingehen möchte.

Der dänische Grenzverein (»grænseforeningen«), der sich um das gute Verhältnis zwischen Dänemark und Deutschland kümmert, charakterisiert die Nachschulen in einer Broschüre so:

Eine Efterskole ist ein Internat für 14- bis 18-Jährige. Es gibt aktuell circa 247 Internatsschulen in ganz Dänemark. Alle Schulen legen Wert auf ›Hygge‹, guten Unterricht, engen Kontakt zwischen Lehrern und Schülern und ein Umfeld, in dem die Schüler sich sicher und wohl fühlen. Die Schulform bildet robuste Schüler- und Schulgemeinschaften. Die Schüler erleben, in einer großen Gemeinschaft wahrgenommen zu werden, und erleben ein intensives Zugehörigkeitsgefühl mit gegenseitigem Respekt. 2017 besuchten 28.800 Schüler eine Efterskole.
Die Größe der Schulen variiert zwischen 35 und 600 Schülern.
Durchschnittlich besuchen 116 Schüler eine Schule.[4]

---

4   https://www.efterskoleforeningen.dk/-/media/Efterskoleforeningen/Leksikon/r_t/Sydslesvig/
     Efterskolefolder_de.pdf?dmc=1&ts=20180930T1052329672, abgerufen am 20.9.2018

Wer eine Efterskole besucht, hat es leichter im Leben

Das Jahr auf der dänischen Efterskole hat unsere Töchter persönlich, sozial und fachlich enorm vorangebracht. Und damit sind sie nicht allein. Studien zeigen, dass Schüler, die eine Efterskole besuchen, seltener eine Ausbildung abbrechen, bessere Zensuren auf Berufsschulen haben und Hochschulausbildungen in durchschnittlich kürzerer Zeit absolvieren. Viele Schüler schließen darüber hinaus lebenslange Freundschaften und bezeichnen das Efterskolejahr als eins der besten in ihrem Leben.

Viele Efterskoler haben außergewöhnliche pädagogische Konzepte. Ein Extrembeispiel stellt etwa die Østerskov Efterskole in Hobro dar, in der die Schüler den gesamten Lernstoff durch Rollenspiele lernen. In einem Artikel von Zeit Online heißt es über die Schule: »Der Notendurchschnitt zumindest spricht für das Rollenspielkonzept: Bei den zentral vom Bildungsministerium gestellten Abschlussprüfungen schneiden die Østerskov-Schüler etwas besser ab als ihre Altersgenossen, die klassisch unterrichtet werden.«[5]

Alle Efterskoler sind in privater Hand, werden aber vom dänischen Staat stark gefördert, sodass der Besuch durchschnittlich nur 6.800 Euro pro Jahr kostet. Darüber hinaus ist es möglich, weitere staatliche Förderung zu erhalten. Ihre Wurzeln haben die Efterskoler in der dänischen Heimvolkshochschule (»Højskole«). Bis in die sechziger Jahre war die Efterskole eine Heimvolkshochschule, die für im Berufsleben stehende Erwachsene mehrmonatige Weiterbildungskurse anbot.

Geistiger Vorvater der Schulen ist Nikolaj Frederik Severin Grundtvig, Pastor, Dichter und Historiker. Die Højskole war für Grundtvig die Grundlage für eine lebenswerte Gesellschaft: Freie Bildung ohne Druck für alle und lernen in einer Gemeinschaft, die auch zusammenlebt. Grundtvig wollte vor allem den Geist der Menschen bilden.

---

5   https://www.zeit.de/2013/04/Schule-Rollenspielschule-Daenemark/komplettansicht, abgerufen am 20.9.2018

In seinem Buch »Reformpädagogik in Geschichte und Gegenwart: Eine kritische Einführung« schreibt Professor Ehrenhard Skiera über die dänischen »Højskoler«: »Der Unterricht wendete sich gegen die ›toten Buchstaben‹, knüpfte an den Wünschen und Interessen der jungen Erwachsenen an und zielte, frei von verordneten Prüfungen oder Lehrplänen irgendwelcher Art, auf die Entwicklung der ganzen Persönlichkeit. Diese Grundorientierung der möglichst freien und selbstständigen Persönlichkeitsentwicklung ist in der modernen Nachschule erhalten geblieben, auch wenn zunehmend theoretische Inhalte (...) und die Möglichkeit der staatlichen Abschlussprüfung geschaffen wurde(n).«[6]

Allgemein haben die dänischen Heimvolkshochschulen mit der deutschen Volkshochschule nicht viel gemeinsam. Wer einmal eine Højskole betritt, versteht sofort den Unterschied zwischen dem klassischen deutschen Leistungsdenken und dem dänischen Konzept. So schreibt Spiegel Online in einem Artikel über die Højskole in Testrup: »Nach dem Abi husch-husch an die Uni, dann ruckzuck in den Job? Das Wettrennen in Richtung Arbeitsmarkt muss nicht sein – junge Dänen machen vor, wie man sich klug die ganz große Pause gönnt. Das verblüffend einfache Credo ihrer Lebensschulen: Jetzt lernen wir mal für uns. Und niemanden sonst.«[7]

Auch die Højskolen werden vom dänischen Staat gefördert. Einzige Bedingung: Sie müssen mindestens 28 Stunden pro Woche unterrichten und die Inhalte müssen allgemeinbildend sein, ansonsten sind die Schulen unabhängig. »Finde raus, worin du gut bist« ist einer der Leitsprüche.

»Hier soll Bildung ein Abenteuer sein«, schreibt Spiegel Online weiter und zitiert Schulleiter Jørgen Carlsen: Im herkömmlichen Sinn sei das schon Zeitverschwendung, was seine Schule hier mache. Genau das sei ja der Punkt: Von allen Seiten werde jungen Menschen heute eingetrichtert, sie müssten sich ausbilden, um produktiv zu sein, Geld zu verdienen und zu konsumie-

---

6   https://books.google.co.uk/books?id=F5BdDwAAQBAJ&pg=PA184&lpg=PA184&dq=dänische+eft erskole&source=bl&ots=YMY7A_phw_&sig=M2Vfu4uqzVhZ04PergCWQFg4_qw&hl=de&sa=X#v= onepage&q&f=false, S. 184 ff., abgerufen am 20.9.2018
7   http://www.spiegel.de/lebenundlernen/uni/bildung-a-la-daenemark-lerne-lieber-ungewoehnlich-a-698141.html, abgerufen am 20.9.2018

ren, damit sich die Räder der Gesellschaft drehen. Was er und seine Kollegen an den Højskolen machten, das sei »prinzipieller Widerstand gegen die Funktionalisierung des Menschen in der modernen Gesellschaft«.

Ebenso wie Schulleiter Carlsen halte ich die Funktionalisierung des Menschen für einen großen Irrtum. Leute, die bloß eine Funktion erfüllen mit dem Ziel, Geld zu verdienen, können wohl kaum ein glückliches und zufriedenes Leben führen. Dazu gehört viel mehr, wie wir auch im folgenden Kapitel sehen werden.

Was macht wirklich glücklich?

Wann sind Leute eigentlich glücklich? Wenn sie ein großes Auto haben? Ein tolles Haus besitzen? Das könnte man leicht denken, denn viele scheinen das Gefühl zu haben, dass sie immer mehr arbeiten sollen, um sich immer mehr leisten zu können. Natürlich ist es schön, viel Geld zu haben – aber ist das die großen Opfer wert, die viele für ihren Job erbringen? Druck und Stress wirken sich schließlich nicht nur auf einen selbst aus, das ganze Familienleben und auch die Freundschaften werden davon beeinflusst.

Meine Philosophie besagt, man sollte den Grundstein für ein glückliches und zufriedenes Leben schon bei der Arbeit legen. Aber wie geht das? Was macht bei der Arbeit – und auch sonst – wirklich glücklich? Ich spreche hier nicht nur von kleinen Annehmlichkeiten wie einer Schale mit frischem Obst in der Küche oder einer modernen Kaffeemaschine, mit denen viele Start-ups versuchen, sich ein »Hier-wirst-du-glücklich-Image« zu verpassen. So einfach ist es natürlich nicht.

Also, was macht wirklich glücklich? Diese Frage stelle nicht nur ich mir, auch Forscher der Universität Harvard haben sie sich gestellt. Herausgekommen ist die längste jemals durchgeführte Studie zu diesem Thema. Mehr als 75 Jahre haben die Forscher das Leben von 724 Männern verfolgt. Jedes Jahr fragten sie nach ihrer Arbeit, dem Familienleben und ihrer Gesundheit. Inzwischen sind natürlich auch Frauen ein Teil der Studie. Dass es zunächst nur Männer waren, ist den Umständen im Amerika des Jahres 1938 geschuldet, als die Studie gestartet wurde.

Der aktuelle Studienleiter Robert Waldinger erklärt in einem TED-Vortrag: »Die wichtigste Botschaft aus der 75-jährigen Studie lautet: Gute Beziehungen machen uns glücklicher und gesünder.«[8]

---

8   https://www.ted.com/talks/robert_waldinger_what_makes_a_good_life_lessons_from_the_
     longest_study_on_happiness/transcript#t-372823, abgerufen am 25.8.2018

Ralph Böttcher engagiert sich aktiv im Business-Netzwerk Business Network International: in Deutschland im Chapter Leuchtturm Düne (Husum) und in Dänemark im Chapter BNI Futura, Aabenraa/Rødekro[9]

9 © Reinhard Witt, www.fotografie-nf.de

Die Forscher haben darüber hinaus drei weitere Lehren gezogen:[10]

1. Soziale Beziehungen sind gut für uns, Einsamkeit ist tödlich

»Es zeigt sich, dass Leute, die sozial verbunden sind, mit ihrer Familie, mit Freunden, mit der Gemeinschaft, glücklicher und gesünder sind und länger leben als Leute, die weniger gute Beziehungen haben. Und die Erfahrung von Einsamkeit stellt sich als toxisch heraus. Menschen, die einsamer sind, als sie es sein wollen, finden, dass sie weniger glücklich sind, ihre Gesundheit verschlechtert sich früher in ihrer Lebensmitte, ihre Gehirnfunktion lässt eher nach und sie sterben früher als Menschen, die nicht einsam sind«, sagt Harvard-Forscher Waldinger.

2. Es kommt auf die Qualität der Beziehungen an

»Es kommt nicht nur auf die Anzahl der Freunde an und ob man in einer festen Beziehung ist oder nicht, sondern auf die Qualität der engen Beziehungen. Ständig im Konflikt zu leben, ist wirklich schlecht für unsere Gesundheit. Konfliktreiche Ehen etwa, ohne viel Liebe, erwiesen sich als vielleicht schlechter für die Gesundheit als eine Scheidung. In guten, aufrichtigen Beziehungen zu leben, ist förderlich«, erklärt Forscher Waldinger.

3. Gute Beziehungen sorgen für ein gesundes Gehirn

»Gute Beziehungen schützen nicht nur unseren Körper, sie schützen auch unser Gehirn. Es zeigte sich, dass in einer festen Beziehung zu leben, wenn man über 80 ist, förderlich ist und dass bei Menschen, die in Beziehungen leben, in denen sie sich in Zeiten der Not auf den anderen verlassen können, das Gedächtnis länger klar bleibt. Die Menschen, die mit 50 am zufriedensten in ihren Beziehungen waren, waren die gesündesten im Alter von 80«, sagt Waldinger.

Gute Beziehungen müssen den Forschern zufolge nicht die ganze Zeit reibungslos verlaufen. Einige der untersuchten Paare über 80 konnten täglich aneinandergeraten, aber solange sie das Gefühl hatten, auf den anderen zählen zu können, belasteten diese Auseinandersetzungen sie nicht.

Überraschen uns diese Ergebnisse? Eigentlich nicht. Wieso gibt es trotzdem so eine starke Vereinzelung in unserer Gesellschaft? Harvard-Forscher Wal-

---

10   ebenda

dinger hat darauf eine Antwort: »Was wir wirklich wollen, ist eine schnelle Lösung, etwas, das wir bekommen können, das unser Leben gut werden und bleiben lässt. Beziehungen sind chaotisch und kompliziert. Die Beziehung zu Freunden und zur Familie zu pflegen, ist nicht sexy und glamourös, und das lebenslang. Es hört nie auf.«[11]

Für mich repräsentieren die Ergebnisse dieser Studie die Quintessenz meiner Arbeitsphilosophie. Denn auch, wenn in der Studie vorwiegend von klassischen Beziehungen zum Partner oder zu Freunden die Rede ist, lassen sich die Erkenntnisse ebenso auf die Arbeitswelt übertragen.

Konkret meine ich Folgendes:

1. Wer sich bei der Arbeit als einsamer Einzelkämpfer fühlt, wird zwangsläufig unglücklich und im schlimmsten Fall krank.
2. Die Qualität der Beziehungen bei der Arbeit ist entscheidend. Wer bei der Arbeit viele Konflikte hat, für den könnte es besser sein, den Job zu wechseln. Wer dagegen gute Beziehungen zu seinen Kollegen und Vorgesetzten hat, der übersteht auch problemlos stressige Phasen und meistert schwierige Aufgaben.
3. Wer bei der Arbeit gute Beziehungen hat, ist aktiver, zufriedener und leistungsbereiter. Beim Stichwort Beziehung mögen viele einen Kuschelkurs unterstellen, bei dem Arbeitnehmer es sich gemütlich machen können. Nach meiner Erfahrung ist das Gegenteil der Fall: Wer bei der Arbeit gute Beziehungen hat, macht es sich eben nicht lediglich gemütlich, sondern leistet mehr und die Ergebnisse sind von höherer Qualität.
4. Gute Beziehungen zu führen, ist harte Arbeit. Sowohl im privaten als auch im Arbeitsleben. Es erfordert ein großes Maß an Einfühlungsvermögen und Offenheit, eine gute Beziehung zu unseren Mitmenschen zu etablieren.

---

11   ebenda

Warum die Dänen glückliche Arbeitnehmer sind

Gute Beziehungen sind die Grundlage für Glück an sich. Doch natürlich gibt es noch viele weitere Faktoren, die wichtig sind, damit jemand ein glücklicher Arbeitnehmer wird bzw. ist. Wie anfangs erwähnt, sind die Dänen nicht nur überdurchschnittlich zufriedene Menschen, sondern auch überdurchschnittlich zufriedene Arbeitnehmer. Warum? Darauf versucht der sogenannte *Job Satisfaction Index* Antworten zu finden.

Die Ergebnisse der Studie möchte ich im Folgenden zusammenfassen. Wer an der kompletten Studie interessiert ist, findet den Link zum englischsprachigen Original sowohl hier in der Fußnote als auch in den Quellenangaben am Ende des Buchs.[12]

Glück setzt sich der Studie zufolge aus mehreren Bestandteilen zusammen: Zum einen gibt es einen hedonistischen Anteil, wie etwa die Freude an gutem Essen, Sex oder einem unterhaltsamen Film. Zum anderen gibt es einen nachhaltigeren Teil, der unter anderem aus der Zufriedenheit mit dem eigenen Job besteht – laut Studie beträgt der Anteil des Jobs am allgemeinen Glück der Dänen 35 Prozent.

---

12 https://docs.wixstatic.com/ugd/928487_f752364b0a43488c8c767532c0de4926.pdf, abgerufen am 25.8.2018

Langfristig etwas Sinnvolles tun

Der Job kann dazu beitragen, dass jemand das Gefühl hat, langfristig etwas Sinnvolles zu tun, eine sichere und erfüllende Konstante im Leben zu haben, und der Job kann dabei helfen, sich zu motivieren und sich Tag für Tag mit neuen Herausforderungen auseinanderzusetzen. So kommt der *Job Satisfaction Index* zu der Erkenntnis, dass die Arbeitssituation einen hohen Einfluss auf das generelle überdurchschnittliche Glück der Dänen hat: Positive Effekte sind etwa der Wille, an Projekten aktiv teilzunehmen, die Lust, etwas zu verändern, und das Gefühl von Eigenständigkeit und Erfolg.

Die Menschen in Dänemark haben auf einer Skala von 0 bis 100 einen durchschnittlichen Wert von 74, was ihre Jobzufriedenheit betrifft, und einen Wert von 77 bezogen auf das allgemeine Glück und die Lebenszufriedenheit. Diese Zahlen sind repräsentativ für alle Branchen und Arbeitsbereiche.

Woran liegt das genau? In der Studie wurden sieben Hauptfaktoren festgestellt, die die Arbeitswelt in Dänemark so arbeitnehmerfreundlich machen. Ich möchte Ihnen diese sieben Faktoren, die Sie bereits am Anfang des Buchs kennengelernt haben, nochmals in Erinnerung rufen. Sie umfassen, in der Reihenfolge der Relevanz für die generelle Jobzufriedenheit:
- Bedeutung und Sinn der Arbeit
- das Gefühl, die Arbeit unter Kontrolle zu haben und zu schaffen
- die Qualität der Führungskräfte
- Ausgeglichenheit zwischen Arbeit und Privatleben
- das Gefühl, tatsächlich etwas bewegen zu können und das Sagen zu haben
- der Fortschritt oder die Ziele der Arbeit
- gutes Klima unter Kollegen und Kolleginnen

Die am höchsten bewertete Aussage in den Branchen Konsum und Vertrieb, Bildung und Forschung sowie Landwirtschaft und Produktion ist das Gefühl des Sinns der eigenen Arbeit. 38 Prozent der Dänen sind deshalb hochmotiviert, zur Arbeit zu gehen, weil sie diese Sinnhaftigkeit empfinden, und nur 2,5 Prozent sind überhaupt nicht motiviert. Das Level der Sinnhaftigkeit liegt bei dänischen Arbeitsplätzen bei 77 von 100 Punkten, in Managementpositionen sogar bei 82. Das Gefühl der sinnvollen Arbeit trägt zu einer hohen Motivation bei.

Die Sinnhaftigkeit wird stark davon beeinflusst, ob jemand sich als einfluss-reich wahrnimmt oder nicht, außerdem davon, ob die eigenen Aufgaben be-wältigt werden können, sowie von der Balance zwischen Arbeit und Freizeit.

Das Gefühl, gebraucht zu werden

Die Studie zeigt: Arbeitnehmer, die im Job viel Einfluss haben, sind motivierter. Die Forscher sehen hier den Zusammenhang zwischen dem Gefühl, gebraucht zu werden und an etwas Größerem beteiligt zu sein, sowie dem Gefühl, dass die eigene Arbeit Bedeutung hat: »Wenn du als Arbeitnehmer oder Arbeitnehmerin das Gefühl hast, einbezogen zu werden, dann bedeutet das, dass dein Unternehmen dir vertraut«, sagt etwa der dänische Motivationscoach Ulrik Lynge. Das führe automatisch zu einem höheren Verantwortungsgefühl und zu einer höheren Motivation, die eigenen Aufgaben entsprechend gut zu erledigen, damit das so bleibe. »Einfluss generiert Erfolge und Erfolge generieren Motivation.«

Die hohe Zufriedenheit von Menschen in Führungspositionen ist nicht allein durch ein höheres Gehalt begründet. Einfluss nehmen zu können, ist für Führungskräfte doppelt so wichtig wie für andere Arbeitnehmer; dies liegt natürlich auch darin begründet, dass vor allem Leute, denen Macht wichtig ist, in Führungspositionen gelangen. Interessanterweise spielen die Ergebnisse, die durch die eigene Arbeit erzielt werden, eine sehr viel geringere Rolle als das Gefühl der Einflussnahme. Iver Tarp, Gründer von »Glade Chefer« (»Frohe Führungskräfte«), sagt über die Zufriedenheit von Führungskräften: »Glückliche Bosse machen glückliche Mitarbeiter – und schließlich ein glückliches Dänemark.«

Der *Job Satisfaction Index* weist darüber hinaus noch auf andere Faktoren hin, die zufriedene dänische Arbeitskräfte ausmachen. Hier eine Zusammenfassung:

Ehrenamtliches Engagement in der Freizeit

34 Prozent der Frauen und 30 Prozent der Männer in Dänemark engagieren sich ehrenamtlich in ihrer Freizeit. 70 Prozent aller Dänen haben in den letzten fünf Jahren irgendeine Form von ehrenamtlichem Engagement geleistet. Der *Job Satisfaction Index* zeigt, dass bei diesen Menschen der Wert für die durchschnittliche Jobzufriedenheit bei 76 und der durchschnittliche Glückswert bei 78,6 Punkten liegt, während diese Werte bei Menschen, die sich nicht engagieren, für die Jobzufriedenheit bei 73 und bezogen auf das allgemeine Glück bei 76,4 Punkten liegen.

Dieser Unterschied ist zwar nicht riesig, spielt aber doch eine Rolle im Umgang mit Kollegen, im Zusammenhang mit der Ausgeglichenheit von Job und Privatleben und vor allem im Hinblick auf das Gefühl, Aufgaben meistern und Erfolge schaffen zu können. Ehrenamtliches Engagement beeinflusst also gleich vier Faktoren der Jobzufriedenheit.

Der dänische Staat hat diesen positiven Einfluss erkannt und fördert ehrenamtliches Engagement in vielen Gemeinden, beispielsweise durch das Schaffen von Plattformen und Vereinen, die ehrenamtliche Arbeitskräfte beschäftigen und Menschen helfen, eine geeignete Arbeit zu finden.

Stress

82 Prozent der Arbeitnehmer in Dänemark erfahren Stress auf und von der Arbeit. Das dänische Forschungszentrum für Arbeitsklima (Videncenter for Arbejdsmiljø) hat folgende Faktoren herausgearbeitet, die Stress reduzieren:

- Vorhersehbarkeit des Arbeitsalltags und von anstehenden Aufgaben
- Unterstützung von Kollegen und Kolleginnen
- Kontrolle über den eigenen Job
- eine optimistische Herangehensweise an neue Herausforderungen

Morten Christensen, dänischer Autor des Bestsellers »Kend din kerneopgave« (»Kenne deine Hauptaufgabe«) und Partner im »Beta«-Entwicklungsbüro, sagt, dass es sowohl für die Erfolge der Arbeitgeber als auch für das Wohlbefinden der Arbeitnehmer sinnvoll ist, eine klare Aufgabe zu erhalten, die dann innovativ und klug gelöst werden muss, anstatt vor einem Wirrwarr von unterschiedlichen Arbeitsprozessen und Aufgaben zu stehen und nicht zu wissen, wo man anfangen soll. Diese Art, zu delegieren und zu arbeiten, reduziert den Stress und produziert effektivere und bessere Ergebnisse.

Politische Einstellung

Christian Bjørnskov, Glücksforscher und Professor der Wirtschaft in Aarhus, beschreibt den Zusammenhang zwischen politischer Einstellung und Zufriedenheit in Dänemark so: Die persönliche Zufriedenheit hänge nicht in erster Linie von der Partei ab, die man wählt, sondern vielmehr von der eigenen Einstellung gegenüber der im Land herrschenden Ungerechtigkeit. Sie beeinflusse maßgeblich, wie zufrieden man in seinem Leben und in der Welt sei.

Laut Glücksforscher Bjørnskov sind politisch links eingestellte Menschen unzufriedener, da sie Ungerechtigkeit – hier nicht verstanden als Verteilung von Reichtum, sondern als die Chancengleichheit, an Reichtum zu gelangen – intensiver wahrnehmen als Menschen, die konservative Parteien wählen und meist eher dafür sind, dass alles so bleibt, wie es immer war. Er beschreibt, dass dieser Zusammenhang sowohl in Europa als auch in den USA festgestellt wurde – und sich auch auf die dänische Arbeitswelt auswirkt.

Pensionierte Arbeitnehmer

Der *Job Satisfaction Index* für Dänemark zeigt, dass die Arbeitsmotivation der über 60-Jährigen sehr viel höher ist (81 Punkte) als die aller anderen Altersgruppen (71 bis 76 Punkte). Anne Sophie Debel, Ökonomin und Mitglied des dänischen Rentnervereins, erklärt das so: »Je mehr Erfahrung du hast, desto gelassener gehst du mit Herausforderungen um. Du hast es schließlich schon vorher versucht. Du hast mittlerweile eine Art eingebaute Sicherheit, einen Glauben an die eigenen Fähigkeiten entwickelt. Das spielt eine signifikante Rolle für die Motivation.«

Zudem sind die Kinder bereits ausgezogen und ein großer Teil der Zeit und der Energie, die man hat, kann für andere Aufgaben verwendet werden als die der Familienarbeit. Debel sagt: »Du hast in deiner Karriere mittlerweile erreicht, was du wolltest, und kannst dich endlich entspannter auf die Inhalte deiner Arbeit konzentrieren.«

Wochenarbeitszeit

Die normale Arbeitszeit liegt in Dänemark bei 37 Stunden pro Woche. Seit geraumer Zeit wird zudem die Einführung einer 30-Stunden-Woche diskutiert. Laut *Job Satisfaction Index* ist die Gruppe der Menschen, die weniger arbeitet, allerdings nicht unbedingt glücklicher.

Der Jobzufriedenheitswert liegt bei Menschen, die weniger als 36 Wochenstunden arbeiten, bei 74, genau wie bei Menschen mit 36 bis 40 Arbeitsstunden in der Woche. Arbeitskräfte mit mehr als 40 Stunden pro Woche weisen einen Wert von 76 auf. Das liegt vermutlich daran, dass in der jetzigen Struktur weniger Arbeitszeit auch weniger bedeutungsvolle Aufgaben mit weniger Verantwortung mit sich bringt oder dass dieselbe Menge an Aufgaben in weniger Zeit erledigt werden muss.

Die Innovationsfirma IIH Nordic hat bereits 40 verschiedene Methoden ausprobiert, um die 30-Stunden-Woche zu einer für alle lohnenden und bereichernden Alternative zu machen.

Seniorpartner Henrik Stenmann sagt: »Es ist nicht ausreichend, die Arbeitszeit zu reduzieren. Damit auch die Menge an Aufgaben weniger wird, müssen Arbeitgeber und Arbeitnehmer ihr Verhalten grundsätzlich ändern. Aufgaben müssen verschlankt und überflüssige Prozesse, wie tägliche Meetings statt Rundmails, auf das Nötigste reduziert werden. Aufgaben, für die unsere Mitarbeiter überqualifiziert sind, werden automatisiert und besser gelöst.«

Weg zur Arbeit

Die Dänen brauchen durchschnittlich 27 Minuten zur Arbeit und damit nach den Iren am kürzesten verglichen mit allen anderen Studienteilnehmern. Zwar beeinflusst die Dauer des Arbeitswegs laut Studie weder die Jobzufriedenheit noch das Glück, allerdings macht das Transportmittel einen Unterschied. Morgens schon mit dem Rad unterwegs zu sein oder ein Stück zu laufen – was natürlich nur bei einer verhältnismäßig kurzen Distanz sinnvoll ist – erhöht das allgemeine Glücksgefühl und wird daher von vielen dänischen Gemeinden und Städten gefordert, beispielsweise durch Initiativen wie öffentliche Radleihstationen.

Obwohl Dänemark bereits vielen Menschen die Möglichkeit des Home Office anbietet, ist der tägliche Gang zur Arbeit auch als soziales Bindemittel nicht zu unterschätzen: »Die physische Anwesenheit von Kollegen und Kolleginnen erfüllt immer noch grundlegende Bedürfnisse des Menschen. Nur wenige wollen wirklich jeden Tag alleine zu Hause arbeiten; die meisten wollen ihren Alltag lieber mit anderen teilen«, sagt etwa Henri Brorson, Digitalchef der Gewerkschaft Krifa.

! **Neun Zeichen hoher Jobzufriedenheit in Dänemark**

Neben den bereits erwähnten sieben Hauptfaktoren für Jobzufriedenheit, die in der Studie zum *Job Satisfaction Index* herausgearbeitet wurden, sind diese neun Aussagen von Arbeitnehmern in den qualitativen und quantitativen Umfragen besonders häufig im Zusammenhang mit hoher Zufriedenheit genannt worden:

1. Stolz auf die eigene Arbeit
2. Zufriedenheit im Beruf
3. die Arbeit wird als sinnvoll wahrgenommen
4. menschlicher Erfolg durch die Arbeit
5. persönlicher und beruflicher Fortschritt durch die Arbeit
6. das Gefühl, etwas erreicht zu haben
7. Entwicklung der eigenen Fähigkeiten
8. gegenseitige Hilfe und Zusammenarbeit mit Kollegen und Kolleginnen
9. guter Kontakt zu den Führungskräften

Die Generation Y und ihre Ansprüche an die Arbeitswelt

Überspitzt könnte man sagen, Dänemark sei das Traumland der Generation Y. Natürlich ist damit nicht gemeint, dass junge Leute unbedingt in Dänemark wohnen wollen. Es geht darum, dass sich die Forderungen der Generation Y in vielen Bereichen mit den Faktoren decken, die in Dänemark zu einer hohen Jobzufriedenheit führen. Auf diese Übereinstimmungen möchte ich im Folgenden genauer eingehen.

Die Generation der etwa zwischen den Jahren 1985 und 2000 Geborenen hat von den Medien schon viele Namen bekommen: Millennials, Generation Y, um nur einige zu nennen. Genaue Definitionen gibt es nicht, deswegen nenne ich diese jungen Menschen der Einfachheit halber Generation Y, weil mir diese Bezeichnung am besten gefällt. Y wird im Englischen ausgesprochen wie why – warum.

Entfaltungschancen sind der jungen Generation am wichtigsten

Es ist also eine Generation von jungen Arbeitnehmern, die nach dem Warum fragen. In einer Umfrage der Unternehmensberatung Ernst & Young[13] nennen 72 Prozent der Befragten Entfaltungschancen als höchstes Kriterium für die Arbeitgeberwahl und 56 Prozent die Work-Life-Balance. Nur 35 Prozent ist die klassische Karriere besonders wichtig. Damit unterscheidet sie sich von ihren Vorgängern, der sogenannten »Generation Golf«, die etwa der Berliner Jugendforscher Klaus Hurrelmann als »kämpferisch, konsumorientiert, repräsentabel und busy« bezeichnet.[14]

Durch den Eintritt der Generation Y in den Arbeitsmarkt verschieben sich also bisherige Werte und Normen. Bisher als »Soft Skills« bezeichnete Fähigkeiten wie Empathie und Teamfähigkeit werden zu Schlüsselkompetenzen. Aber der wohl wichtigste Unterschied zu anderen Generationen ist: Ihre Motivation zieht die Generation Y nicht länger aus materiellen Statussymbolen, für die die vorherigen Generationen bereit waren, ihr Privatleben zu opfern, sondern aus einer sinnvollen, produktiven Arbeit und einer Vereinbarkeit von »work« und »life«.[15]

Alle Bereiche unserer Auffassung von Arbeit in Deutschland werden durch die Generation Y infrage gestellt, es werden alte Standards hinterfragt, neue Ziele gesetzt und alternative Wege bereitet – egal, ob es um Führungsstile geht, um Personalmanagement, Hierarchien, Lebensläufe oder berufliche Träume.

---

13 https://www.ey.com/Publication/vwLUAssets/EY-Absolventenbefragung_2013/%24FILE/EY-Absolventenbefragung-2013-Studie.pdf, abgerufen am 25.8.2018

14 https://www.zeit.de/2013/11/Generation-Y-Arbeitswelt/komplettansicht, abgerufen am 25.8.2018

15 https://www.zukunftsinstitut.de/fileadmin/user_upload/Publikationen/Auftragsstudien/studie_generation_y_signium.pdf, abgerufen am 25.8.2018

»Wollen die auch arbeiten?«

Darüber kann man sich als Arbeitgeber natürlich ärgern und sich die »guten alten« – weil einfachen, weniger anspruchsvollen – Zeiten zurückwünschen. Oder man kann umdenken und mitgehen, in der ersten Reihe stehen, um den Wandel zu gestalten.

»Wollen die auch arbeiten?«, fragte die Wochenzeitung DIE ZEIT vor einigen Jahren etwas provokant in einer Titelgeschichte über die Generation Y.[16] Meine Erfahrung lautet: Ja, wollen sie, wenn die Leistungen, die von ihnen gefordert werden, für sie persönlich Sinn ergeben.

Das ist aus meiner Sicht kein Zeichen von Verwöhntheit oder Schwäche, sondern führt zu zufriedenen und motivierten, kreativen und produktiven Mitarbeitern – von denen natürlich auch Unternehmen profitieren.[17] Ganz abgesehen davon, wie lange sich die kapitalistische Idee des Wachstums als erstes Ziel der Wirtschaft überhaupt noch halten wird, ist diese vermeintlich egoistische und verweichlichte Generation also durchaus lukrativ für ein Unternehmen.

16 https://www.zeit.de/2013/11/Generation-Y-Arbeitswelt/komplettansicht, abgerufen am 29.8.2018
17 https://arbeits-abc.de/wie-die-generation-y-die-arbeitswelt-veraendert/, abgerufen am 29.8.2018

Flexibilität, Kreativität und Effektivität

Die Generation Y ist in meiner Erfahrung leistungsorientiert und belastungs-
fähig, aber eben nicht auf Kosten von Familie oder persönlicher Entwicklung.
Diese Einstellung unterscheidet sich so radikal von dem Gros der Arbeitneh-
mer aus vorherigen Generationen, dass es natürlich Zeit braucht, sich als
Führungskraft daran zu gewöhnen. Später im Buch gebe ich Ihnen konkrete
Methoden dafür an die Hand.

Hat dieses Umdenken erst einmal stattgefunden, bedeutet das Arbeiten mit
der Generation Y: flache Hierarchien, bessere Beziehungen zwischen Führungskräften und Mitarbeitern, wodurch mehr Produktivität entsteht, mehr
Flexibilität, Kreativität und Effektivität und nicht zuletzt Offenheit und Mitgefühl füreinander.[18] Und das bedeutet natürlich auch: zufriedenere Menschen. Ganz wie in Dänemark.

Allmählich finden die teils revolutionär anmutenden Ansichten der Generation Y auch schon den Weg in die breite Gesellschaft. Im *Weißbuch Arbeiten
4.0*, dem Ergebnis eines öffentlichen Dialoges der deutschen Bundesregierung aus den Jahren 2015 und 2016, haben 12.000 Bürger ihre Meinungen zum
zukünftigen Arbeiten preisgegeben.[19] Darin finden sich Aussagen wie diese:

- »Zukunft der Arbeit bedeutet für mich, mobiler und flexibler, aber auch
  ersetzbarer zu sein. Globalisierung und Technologisierung ermöglichen
  es, von überall in derselben Qualität zu arbeiten.«
- »Ich würde mir wünschen, dass ich mehr Zeit für meine Kinder in Zukunft
  haben werde und mir meine Arbeitszeiten flexibel einteilen kann. Hier
  ein passendes Konzept zu entwickeln, wäre toll!«
- »Arbeiten in der Zukunft heißt für mich, Arbeit und Privates nicht zu
  trennen, sondern zu verbinden und davon zu profitieren, zum Beispiel
  komme ich oft beim Biken auf Ideen.«

Hier angesprochene Themen wie das mobile Büro, die Unabhängigkeit von
Ort und Zeit sowie Flexibilität sind längst in vielen Firmen und bei allen

---

18 http://www.spiegel.de/karriere/generation-y-so-haben-die-millennials-die-arbeitswelt-
    bereits-veraendert-a-1195595.html, abgerufen am 29.8.2018
19 https://www.sozialpolitik.com/artikel/arbeitswelt-wandel, abgerufen am 29.8.2018

Arbeitnehmergenerationen verbreitet. In ihrem Papier »Die Zukunft der Arbeit und der Wandel der Arbeitswelt« schreiben die Forscher Werner Eichhorst und Florian Buhlmann dazu:

»Flexible Arbeitsformen, die kreative und innovative Ergebnisse hervorbringen sollen und stark vom Zusammenwirken individueller Kenntnisse und Wissensbestandteile profitieren, brauchen entsprechende Freiräume. (…) Auch für jeden Einzelnen stellen sich im Arbeitsmarkt der Zukunft vor allem Anforderungen an die langfristige Beschäftigungsfähigkeit in einem sich dynamisch wandelnden beruflichen Umfeld. Dies legt die Bereitschaft zu ständigem Lernen nahe, ebenso aber die Fähigkeit zum Umgang mit komplexen und wechselnden Aufgabenstellungen, gleichzeitig ist es aber auch wichtig, eigene Bedürfnisse zu artikulieren und die Grenzen der eigenen Belastbarkeit zu erkennen.«[20]

Wer dieses Kapitel gelesen hat, wird viele Gemeinsamkeiten mit den Merkmalen der hohen Jobzufriedenheit in Dänemark gefunden haben. Oder anders gesagt: Wer mit den Arbeitnehmern der Generation Y gut zusammenarbeiten will, sollte auf Zustände hinwirken, wie sie die dänischen Arbeitnehmer schon lange genießen.

An vorderster Stelle stehen dabei die Sinnhaftigkeit der eigenen Tätigkeit sowie ein gutes und wertschätzendes Verhältnis zwischen Führungskraft und Arbeitnehmer. Fast genauso wichtig ist eine gute Balance zwischen Beruf und Privatleben und nicht zuletzt eine hohe Sozialkompetenz, zu der Fähigkeiten wie Empathie und der Wille, Arbeitsbeziehungen mit viel Sorgfalt zu gestalten, gehören.

---

20 http://ftp.iza.org/sp77.pdf, abgerufen am 29.8.2018

Warum Menschlichkeit zum neuen Trumpf wird

»Es menschelt in der Arbeitswelt.« So lautet die Überschrift eines Artikels über die Generation Y bei Zeit Online.[21] Und tatsächlich lässt sich die Generation auf diese Weise gut beschreiben, weil sie menschliche Eigenschaften wie Empathie in den Mittelpunkt stellt und menschliche Bedürfnisse wie die Work-Life-Balance hoch priorisiert.

Doch nicht nur die Generation Y sorgt dafür, dass menschliche Eigenschaften in der Arbeitswelt wichtiger werden. Auch eine andere Entwicklung tut dies: die Digitalisierung – auch wenn das auf den ersten Blick vielleicht komisch erscheinen mag.

Was ich genau mit Digitalisierung meine? Den omnipräsenten technologischen Wandel. Wir erleben ihn in unserem privaten Umfeld, in der Art, wie wir kommunizieren (Stichwort: WhatsApp und Facebook) und konsumieren (Stichwort: Amazon und iTunes).

21 https://www.zeit.de/studium/hochschule/2013-08/generation-y-arbeitswelt, abgerufen am 2.9.2018

Rasanter Wandel

Was vor einigen Jahrzehnten womöglich noch Stoff für Science-Fiction-Literatur gewesen wäre, ist längst an der Tagesordnung. Heute produziert das größte Medienunternehmen der Welt keine eigenen Inhalte (Facebook), der weltweit größte Anbieter von Unterkünften besitzt keine eigenen Immobilien (Airbnb) und das größte Taxiunternehmen der Welt hat keine eigenen Fahrzeuge (Uber).[22]

Technischer Wandel ist an sich nichts Neues. Die Menschheit sieht sich bereits seit Jahrhunderten mit Herausforderungen konfrontiert, die durch technische Innovationen entstehen. Doch aktuell wirkt es, als vollziehe sich der Wandel in einer bisher nicht gekannten Geschwindigkeit.

Wie wird die Digitalisierung unsere Arbeitswelt verändern? Zu dieser Frage dominieren zwei Sichtweisen, die einen sehen das Glas eher halb voll und die anderen halb leer. Sie ahnen, dass ich es eher halb voll sehe.

---

22 https://techcrunch.com/2015/03/03/in-the-age-of-disintermediation-the-battle-is-all-for-the-customer-interface/?guccounter=1, abgerufen am 5.8.2018

Arbeitsplätze in Gefahr?

Die Pessimisten fürchten – und falsch liegen sie sicher nicht –, dass durch die zunehmende Digitalisierung und Automatisierung Arbeitsplätze wegfallen werden. Längst wissen wir, dass einfache manuelle Arbeitsprozesse durch Maschinen oder Roboter ersetzt werden können. Doch immer ausgefeiltere Maschinen sorgen dafür, dass sogar komplexe Aufgaben wie Busfahren von Algorithmen übernommen werden können.[23]

Die Forscher Werner Eichhorst und Florian Buhlmann schrieben zu diesem Thema in ihrer Studie *Die Zukunft der Arbeit und der Wandel der Arbeitswelt* im Februar 2015:

»Zum einen steigen die Produktionsmöglichkeiten, wobei hiervon Berufe profitieren werden, die zur Entwicklung der Technologie komplementär sind. Zum anderen kommt es bei Berufen, deren Tätigkeiten auch durch Roboter oder Algorithmen übernommen werden können, zu einer weiter zunehmenden Konkurrenz zwischen Kapital und Arbeit. (…) Der technologische Fortschritt hat mittlerweile neben einfacheren Produktionstätigkeiten (v. a. in traditionellen Branchen) im Dienstleistungssektor auch Nicht-Routinetätigkeiten erreicht. Ein Beispiel dafür ist der durch das Internet ermöglichte Onlinehandel, welcher zunehmend den filialbasierten Einzelhandel unter Konkurrenzdruck setzt. Warenhäuser und lokale Einzelhändler haben den Nachteil, dass sie in Premiumlagen hohe Mieten für Verkaufsflächen zahlen müssen, während Onlinehändler ihre Lagerflächen frei wählen können und gleichzeitig durch das Internet noch mehr Kunden erreichen können. Diese Entwicklung kostet in diesem Bereich vor allem Arbeitsplätze bei mittel qualifizierten Jobs.«[24]

Das klingt tatsächlich etwas beängstigend. Doch Pessimisten gibt es nicht erst seit gestern und die Geschichte zeigt, dass sie nicht immer richtig liegen. So warnte der Ökonom John Maynard Keynes bereits in den 1930er-Jahren vor »technologischer Arbeitslosigkeit«, die sich infolge des beschleunigten

---

23 https://www.rolandberger.com/de/Point-of-View/Die-Zukunft-der-Arbeit.html, abgerufen am 5.8.2018
24 http://ftp.iza.org/sp77.pdf, abgerufen am 2.9.2018

technischen Fortschritts weit verbreiten werde.[25] Und in den 1990er-Jahren sagten viele eine rasche Dominanz der digitalen Welt voraus, der Zukunftsforscher Jeremy Rifkin sprach sogar von einem »Ende der Arbeit«[26]. Auch dazu ist es bislang nicht gekommen.

25   Vgl. John Maynard Keynes, Essays in Persuasion, London 1933, S. 358 ff.
26   Vgl. Jeremy Rifkin, Das Ende der Arbeit und ihre Zukunft, Frankfurt/M.–New York 1995

»Schöpferische Zerstörung«

Nicht zu bezweifeln ist die Tatsache, dass die Digitalisierung viele Geschäftsmodelle unter Druck setzt. Das Musikgeschäft hat sich bereits grundlegend gewandelt, während aktuell die Autoindustrie durch Carsharing, Uber und ähnliche Dienste umgekrempelt wird.[27]

Diesen Prozess hat der Philosoph Joseph Schumpeter als »schöpferische Zerstörung« bezeichnet. Namhafte Unternehmen verschwinden vom Markt, ebenso einstmals mächtige Wirtschaftszweige und altbekannte Berufe. Gleichzeitig entstehen jedoch neue Tätigkeitsfelder, Firmen und Branchen, die es in der Vergangenheit nicht oder nicht in dieser Bedeutung gegeben hat.

Und damit wären wir bei der positiven Sichtweise der Dinge. Ich sehe in der Digitalisierung vor allem ein großes Potenzial. Insbesondere begeistert mich die Aussicht, dass durch die Automatisierung viele unliebsame Tätigkeiten künftig automatisch erledigt werden können. Schon Aristoteles war übrigens von dieser Idee fasziniert:

Wenn jedes Werkzeug auf Geheiß, oder auch vorausahnend, das ihm zukommende Werk verrichten könnte, wie des Dädalus Kunstwerke sich von selbst bewegten oder die Dreifüße des Hephästos aus eignem Antrieb an die heilige Arbeit gingen, wenn so die Weberschiffe von selbst webten, so bedarf es weder für den Werkmeister der Gehilfen noch für die Herren der Sklaven.[28]

---

27 http://www.bpb.de/apuz/225685/die-digitale-arbeitswelt-von-heute-und-morgen?p=0, abgerufen am 5.8.2018
28 http://www.otium-bremen.de/js/index.htm?/autoren/a-aristoteles.htm, abgerufen am 5.8.2018

Berufe der Zukunft

Doch welche Berufe werden die Menschen stattdessen ausüben, wenn nun diese alten »Sklavenarbeiten« wegfallen? Welches also sind spezifisch menschliche Berufe, in denen uns keine Maschine ersetzen kann?

Eine viel zitierte Studie von Carl Benedikt Frey und Michael A. Osborne geht davon aus, dass rund 47 Prozent aller Beschäftigten in den USA zurzeit in Berufen arbeiten, die zumindest mittelfristig davon bedroht sind, durch Maschinen, Roboter und Computerprogramme ersetzt zu werden.[29] Darunter fallen Berufe wie etwa Telefonverkäufer, einfache Büroangestellte, Köche und Packer.

Vor allem werden wohl also Berufe wegfallen, in denen Präzision und Routine wichtig sind. Hier sind Maschinen einfach besser. Im Umkehrschluss folgt daraus allerdings, dass die Jobs der Zukunft durch spezifisch menschliche Charakteristika wie Kreativität, soziale Intelligenz und unternehmerisches Denken geprägt sein werden.[30]

---

29 Vgl. Carl Benedikt Frey/Michael A. Osborne, The Future of Employment: How Susceptible are Jobs to Computerisation?, 17.9.2013, http://www.oxfordmartin.ox.ac.uk/downloads/academic/The_Future_of_Employment.pdf, abgerufen am 1.10.2018
30 Werner Eichhorst/Florian Buhlmann, Die Zukunft der Arbeit und der Wandel der Arbeitswelt, in: Wirtschaftspolitische Blätter, 62 (2015) 1, S. 131-148

Menschliche Fähigkeiten sind gefragt

Was für eine wunderbare Vorstellung: Menschliche Fähigkeiten – und hoffentlich auch menschliche Forderungen – werden in der Arbeitswelt der Zukunft mehr Platz einnehmen, während eintönige Routinearbeiten und schwere körperliche Tätigkeiten nach und nach durch Maschinen ersetzt werden.

Doch ich will mir hier kein allzu detailliertes Fazit über die Tätigkeiten der Zukunft erlauben. Denn technischer Fortschritt ist eine Konstante in der Entwicklung von Wirtschaft und Arbeitswelt – und allzu oft schon lagen wir mit unseren Prognosen ziemlich daneben.

Die Innovationsforscherin Kathrin Möslein bringt es in einem Interview mit der Frankfurter Rundschau auf den Punkt: »Als in den 1980er-Jahren die Videokonferenzen aufkamen, dachte man, die Reisetätigkeit von Topmanagern sei hinfällig, aber es kam anders. Bei jedem Technologiefortschritt gibt es dieses Denkmuster, doch die nächste Entwicklungsstufe wird am Ende nicht so aussehen. Denn wenn wir mit neuen Technologien experimentieren, werden sich uns ganz neue Entwicklungsmöglichkeiten bieten.«[31]

---

31 http://www.fr.de/wissen/digitalisierung-der-wandel-ist-tiefgreifend-a-1494656, abgerufen am 10.9.2018

Das bedingungslose Grundeinkommen

Im Zuge der Diskussion, wie die Digitalisierung unsere Arbeitswelt verändert, ist immer häufiger vom bedingungslosen Grundeinkommen die Rede. Das Konzept besagt, dass es bedingungslos jedem zusteht und die Höhe für alle gleich ist.

Einen der wichtigsten Aspekte dieser Debatte fasst etwa der Philosoph Richard David Precht in einem Artikel so zusammen: »Es ist falsch und leichtsinnig, zu denken, dass durch die Digitalisierung genauso viele neue Jobs entstehen wie wegfallen. Ja, es wird neue Jobs geben. Aber es ist auch klar, dass diese Jobs nicht oder nur selten von denen ausgeführt werden können, deren alte Tätigkeiten nicht mehr benötigt werden: Wenn der Busfahrer in zehn Jahren seine Arbeit verliert, dann kann er nicht anschließend Designer für Virtual Reality werden oder Big-Data-Analyst. Wir werden also auf jeden Fall eine große Arbeitslosigkeit bekommen, mit der starken Tendenz, dass die Erwerbsarbeit abnimmt.«[32]

Aus der Idee des Grundeinkommens sind in den letzten Jahren und Jahrzehnten verschiedene Konzepte entwickelt worden, wie etwa das solidarische Grundeinkommen, nach einem Vorschlag des Berliner Bürgermeisters Michael Müller (SPD). Er schlägt vor, man könne das Arbeitslosengeld II durch das solidarische Grundeinkommen ersetzen. Hartz-IV-Empfänger müssen dafür einen von der Kommune organisierten Job annehmen und arbeiten gehen. Im Gegenzug erhalten sie ein Gehalt, das je nach Tarif und nach Anzahl der Stunden unterschiedlich hoch ist.

---

32 https://www.xing.com/news/klartext/warum-ich-mich-fur-das-grundeinkommen-einsetze-2414, abgerufen am 10.9.2018

»Dann wird auf einmal alles möglich sein«

In Finnland wurde im Januar 2017 ein zweijähriges Modellprojekt zum bedingungslosen Grundeinkommen gestartet. 2.000 Arbeitslose haben anstelle des Arbeitslosengeldes 560 Euro im Monat erhalten, woran keine Auflagen geknüpft waren. Das Projekt soll nach dem Test allerdings nicht fortgeführt, sondern es sollen andere Möglichkeiten gesucht werden.

Bislang hat kein Land die Idee des bedingungslosen Grundeinkommens vollständig umgesetzt. Die häufigste Kritik ist, ein Grundeinkommen sei nicht finanzierbar und es habe negative soziale Folgen, zum Beispiel dass prekäre Arbeitsverhältnisse entstünden.[33]

Philosoph Precht ist da anderer Meinung: »Das Grundeinkommen wird kommen – egal wer Deutschland regiert. Spätestens dann, wenn wir zwei bis drei Millionen mehr Arbeitslose haben. Dann wird auf einmal alles möglich sein, was heute noch gänzlich ausgeschlossen zu sein scheint.«[34]

»Menschheitsgeschichtlich betrachtet« sei die Digitalisierung eine positive Entwicklung, sagt Precht. »Mitte des 19. Jahrhunderts haben die Menschen davon geträumt, dass die Maschinen ihnen alle Arbeit abnehmen werden.« Aber es sei natürlich für die Betroffenen, die dann im Alter von 50 Jahren ihren Job verlieren und quasi in Frührente geschickt werden – ohne Pläne für ihre Zukunft und ohne ausreichendes Geld in der Tasche –, ein Problem. »Philosophisch finde ich diese Entwicklung also gut, aber psychologisch sehe ich, welche Schwierigkeiten auf eine große Menschengruppe zukommen und damit auf die Gesellschaft insgesamt«, sagt Precht.

---

33 https://www.zeit.de/thema/grundeinkommen, abgerufen am 10.9.2018
34 https://www.xing.com/news/klartext/warum-ich-mich-fur-das-grundeinkommen-einsetze-2414, abgerufen am 10.9.2018

Ein deutscher Verein zahlt bereits Grundeinkommen aus

Welchen Effekt ein bedingungsloses Grundeinkommen auf Menschen hat, weiß unter anderem Michael Bohmeyer, der Gründer des Vereins »Mein Grundeinkommen«. Seit Sommer 2014 sammelt er per Crowdfunding Geld für bedingungslose Grundeinkommen. Sobald 12.000 Euro zusammengekommen sind, verlost der Verein ein Jahresgrundeinkommen für eine Person.

In einem Gastbeitrag für Zeit Online schreibt Bohmeyer: »Warum hat das Grundeinkommen so viele Fans? Ich glaube, weil es eben nicht einfach eine weitere sozialpolitische Maßnahme ist, sondern Ausdruck eines fundamental neuen Paradigmas. In unserer arbeitsteiligen Gesellschaft brauchen Menschen Geld zum Überleben. Und die Grundeinkommensgesellschaft gibt es ihnen einfach, ohne Rückfragen, bedingungslos. Einfach so, weil sie Menschen sind. Das Grundeinkommen sagt ihnen jeden Monat: Du bist okay, du darfst sein, wir glauben an dich, wir vertrauen dir. Das ist etwas ganz Neues und verändert uns – von innen.«[35]

Auch Philosoph Precht sieht im bedingungslosen Grundeinkommen das Potenzial, die Gesellschaft nachhaltig zu verändern. Ihm zufolge müsse das bedingungslose Grundeinkommen mit einem neuen Bildungssystem einhergehen, »das die intrinsische Motivation – also die Motivation aus sich heraus – in den Mittelpunkt stellt. Es soll Neugierde kultivieren, Unternehmungsgeist, Kreativität.« Die Menschen, die vielleicht einmal längere Zeit von einem Grundeinkommen leben müssen, dürften nicht zu vergessenen Almosenempfängern werden. Vielmehr sollten sie weiterhin Ideen generieren, was sie mit ihrem Leben anfangen wollen – ganz ungeachtet der Frage, ob das einmal zu Erwerbsarbeit führen wird oder nicht.[36]

Natürlich sind mit dem bedingungslosen Grundeinkommen viele Debatten und Probleme verbunden, die hier nicht in aller Ausführlichkeit diskutiert werden können. Lediglich noch ein Wort zur Frage der Finanzierbarkeit:

---

35 https://www.zeit.de/arbeit/2017-11/grundeinkommen-erfahrungen-leistung-freiheit, abgerufen am 28.9.2018
36 https://www.xing.com/news/klartext/warum-ich-mich-fur-das-grundeinkommen-einsetze-2414, abgerufen am 10.9.2018

Precht schlägt vor, das bedingungslose Grundeinkommen etwa durch Mikro-steuern zu finanzieren, beispielsweise auf Finanztransaktionen. »Für die Schweiz etwa wären 0,05 Prozent Steuern auf Finanztransaktionen ausrei-chend, um ein Grundeinkommen auszuzahlen. In Deutschland dürfte sich der Betrag auf 0,3 bis 0,4 Prozent belaufen. Sprich: Wenn auf allen Zahlungs-verkehr 0,4 Prozent Steuern erhoben würden, dann könnte man in Deutsch-land wahrscheinlich ein Grundeinkommen bezahlen«, sagt der Philosoph.

Ich persönlich gehöre zu den enthusiastischen Befürwortern eines Grund-einkommens. Genau wie die Danmark-Methode setzt es auf Vertrauen statt Angst. Es vermittelt jedem Einzelnen das Gefühl: Hier kriegst du einen Be-trag, der dir zusteht, ganz einfach, weil du Mensch bist. Mit dieser Attitüde könnten wir bei vielen Menschen ungeahnte Kräfte und Fähigkeiten entfes-seln – und genau das ist es, was wir in Zeiten der Digitalisierung und einer ungewissen Zukunft brauchen.

Neue Anforderungen an Führungskräfte

Wie wir gesehen haben, stellen die jungen Arbeitnehmer der Generation Y den Sinn ihrer Tätigkeit an erste Stelle. Das bedeutet neue Herausforderungen für Unternehmen, die diese Leute beschäftigen. Zudem ist immer wieder zu beobachten, dass sich die jungen Arbeitnehmer nicht mehr so sehr an einen Arbeitgeber gebunden fühlen und leichter einmal den Job wechseln, wenn ihnen etwas nicht passt.

Dass wir in Deutschland dringend eine neue Führungskultur brauchen, legen diverse Studien nahe. So kommt etwa die Studie »Führungskultur in Deutschland« von Prof. Dr. Alexander Cisik von der Hochschule Niederrhein zu dem Ergebnis, dass ein deutliches Missverhältnis herrscht zwischen Anspruchsniveau (»Meine Führungskraft fordert von mir höchstes Engagement«) und Unterstützungsangebot (»Meine Führungskraft bietet mir attraktive Perspektiven für die Zukunft«, »Meine Führungskraft fördert meine persönliche Entwicklung«).[37] Die meisten Unternehmen scheinen für die Ansprüche der Generation Y also nicht gerüstet zu sein.

Das Fazit der Forscher lässt die Situation in Deutschland tatsächlich alles andere als rosig erscheinen. In der Studie heißt es wortwörtlich:
- Führungskräfte fordern viel, bieten aber wenig.
- Die Führungskultur ist stärker aufgaben- als beziehungsorientiert.
- Die persönlichen Erwartungen der Mitarbeiter/innen an das Führungsverhalten werden nur bedingt erfüllt.

Abschließend schreiben die Forscher:

»Wird sich die Führungskultur in Deutschland – wenn überhaupt – nur im Schneckentempo ändern? Mag sein, es hängt aber vor allem davon ab, inwieweit Unternehmen Inhalt und Dynamik gesamtgesellschaftlicher Entwicklungen für sich und ihre Beschäftigten nutzbringend aufnehmen und

---

37 http://www.cisikconsulting.de/wp-content/uploads/2016/10/Führungskultur-in-Deutschland_
Management-Summary_September-2016.pdf, abgerufen am 28.9.2018

umsetzen. Im Zeitalter der Industrie 4.0 verändert sich sowohl unsere Arbeit als auch unsere Einstellung dazu. Arbeit ist nicht mehr vorrangig Broterwerb, sondern immer stärker integraler Bestandteil unseres Lebens. Sie soll Spaß machen und Erfüllung bringen, aber natürlich auch wertschöpfend sein.«[38]

Ganz ähnlich lautet die Einschätzung des Wirtschaftspsychologen Felix Brodbeck, der in einem Interview mit der Süddeutschen Zeitung über Führung Made in Germany und die Sehnsucht nach neuen Managern spricht. »In Deutschland heißt Führen, hart zu sein«, sagt er.[39]

In der Studie GLOBE (Global Leadership and Organizational Behavior Effectiveness), für die 17.000 Manager der mittleren Führungsebene in 62 Ländern nach den Merkmalen einer guten Führungskraft befragt wurden, landete Deutschland bei der Humanorientierung auf einem der letzten Plätze.[40]

38 ebenda
39 https://www.sueddeutsche.de/wirtschaft/fuehrungskultur-in-deutschland-heisst-fuehren-hart-zu-sein-1.501568, abgerufen am 28.9.2018
40 https://globeproject.com/study_2004_2007, abgerufen am 28.9.2018

Was sich ändern muss

Einerseits müssen sich natürlich strukturelle Rahmenbedingungen ändern. Die Forscher Ulf Rinne und Klaus F. Zimmermann schreiben dazu in ihrem Artikel »Die digitale Arbeitswelt von heute und morgen« treffend:

»Zur Unternehmenskultur der Zukunft gehört eine Veränderung der Arbeitsmethoden – weg von einer Präsenz- und hin zu einer Ergebniskultur. Flexible Projektorganisation statt festgefügter Abläufe. Wichtig gerade für Berufseinsteiger: die Souveränität über Ort und Zeitpunkt der Arbeit. Wenn die Ressource Wissen in Zukunft ähnlich flexibel wie das Kapital wird, dann erwarten Mitarbeiter von ihren Unternehmen vor allem Befähigung – und nicht mehr bloße Kontrolle.«[41]

Solche Veränderungen sind wichtig, sollen in diesem Buch aber nicht im Fokus stehen. Es gibt zu diesen Themen bereits eine ganze Palette an Fachliteratur. Ich möchte mich auf meinen persönlichen Führungsstil konzentrieren, den ich entwickelt habe, um menschliche Fähigkeiten und Bedürfnisse bestmöglich zu fördern und zu befriedigen – so wie es viele Führungskräften in Dänemark vormachen.

Meine Antwort auf diese Herausforderungen ist ein wertschätzender und auf die Förderung von persönlichen Stärken und Bedürfnissen ausgerichteter Führungsstil nach dänischem Vorbild.

---

41 http://www.bpb.de/apuz/225685/die-digitale-arbeitswelt-von-heute-und-morgen, abgerufen am 28.9.2018

Meine Firma: die DanRevision

Ich behaupte, in der DanRevision in den vergangenen Jahrzehnten eine solche besondere Atmosphäre und Arbeitsweise etabliert zu haben. Damit Sie im Bilde sind: Die DanRevision ist eine Unternehmensgruppe mit den Standbeinen Steuerberatung, Wirtschaftsprüfung, Rechtsberatung und Wirtschaftsberatung. Der Jahresumsatz aller Unternehmen beträgt 5,5 Millionen Euro (31.12.2015). Jedes Unternehmen ist dabei rechtlich selbstständig und autark und nutzt nur teilweise einen einheitlichen Marktauftritt. Standorte gibt es vom Norden bis in den Süden Deutschlands.

Zur Kundenbindung verwendet Ralph Böttcher das Give-Away »Mein Gedächtnisanker«[42]

---

42 © Reinhard Witt, www.fotografie-nf.de

Wie uns die Fachpresse sieht

Das mit der besonderen Atmosphäre nehme zum Glück nicht nur ich so wahr, sondern auch Außenstehende. Das sieht man unter anderem in folgendem Artikel über die DanRevision, der am 30.01.2012 in der Steuerfachzeitschrift StBMag erschienen ist. Jeder Steuerberater liest diese Zeitschrift und der Beitrag war eine der größten Auszeichnungen für mich. Im Folgenden lesen Sie einige Auszüge, im Anhang finden Sie den ganzen Artikel. Mit seinen verschiedenen Geschichten und Szenen soll Ihnen der Artikel Möglichkeiten zeigen, wie die Danmark-Methode im Kanzleialltag eingesetzt werden kann. Lassen Sie sich einfach inspirieren. Zudem zeigt er einen unvoreingenommenen Blick von außen.

Auszug aus dem Artikel »Der Menschenfischer zwischen den Meeren«   **!**
(Namen geändert, vollständiger Artikel siehe Anhang)

StBMag Nr. 1 vom 30.01.2012
Von Claas Beckmann[43]
Anders als der Name vermuten lässt, betreut die DanRevision nicht nur skandinavische Mandate grenzüberschreitend, sondern zum Beispiel auch chinesische. Aber auch in Deutschland will die Kanzlei aus Schleswig-Holstein hoch hinaus.
(…)
Ungewöhnlich wird es, wenn man Dipl.-Bw. StB Ralph Böttcher über die Gruppe, ihre Arbeitsweise und Ziele reden hört. Einerseits: Klare Zukunftsvorstellungen, in Zahlen gegossen und im Leitbild der Kanzlei verankert. Und andererseits ein Schwerpunkt auf einem fairen und humorvollen Umgang untereinander, gepaart mit viel Entscheidungsspielraum für die Mitarbeiter: »Unsere Mitarbeiter sollen alles tun oder lassen, damit die Kunden zufrieden sind. Die Grenzen dieses Spielraums setzen Gesetz und Moral«, sagt Böttcher vorab in einem Telefonat. Der Name DanRevision soll nicht nur auf die traditionelle Ausrichtung nach Dänemark hinweisen, sondern auch für dänisch inspirierte Unternehmenskultur stehen: flache Hierarchien, ein respektvolles »Du« im kanzleiinternen Umgang, wie es auch im skandinavischen Raum üblich ist, und schnelle Entscheidungen.
(…)
StB Karsten Hartmann, ein weiterer Partner, hat im ersten vollen Jahr seiner Partnerschaft vier Sommermonate gefehlt. »Thomas Möller und ich haben ihn gefragt:

---

43 https://datenbank.nwb.de/Dokument/Anzeigen/427278/, abgerufen am 28.8.2018

Jetzt träumen Sie doch mal. Wo wollen Sie mal hin? Und Hartmann hat immer von einer Weltumseglung geträumt. Also hat er die ersten vier Sommermonate seiner Arbeitszeit auf dem Schiff verbracht und hat dann zwar nicht die Welt, aber Skandinavien umsegelt. Die anderen Partner haben so lange für ihn mitgearbeitet. Übrigens alles im Gesellschaftervertrag notiert.

(…)

In Böttchers Büro stehen Familienfotos neben dem Monitor, Zeichnungen seiner beiden Töchter hängen an den Wänden. Auf einem großen TV-Schirm zeigt er die Unternehmens-Präsentation. Und als eine Folie die Partner zeigt, ist es fast so, als würde Böttcher die erweiterte Familie vorstellen: Jeder wird mit seinen fachlichen Stärken vorgestellt, wie er zur Gruppe kam, mit welchen Projekten dessen Gesellschaft glänzt, wie seine charakterlichen Züge die Stärken des Teams erweitern oder ausbalancieren.

Böttcher: Ich entscheide immer sehr schnell, das ist manchmal nicht gut. Die anderen Partner müssen mich dann wieder einfangen.

(…)

Sie betonen in Ihrem Leitbild, dass der Mensch im Mittelpunkt steht. Woher kommt diese menschenzentrierte Ausrichtung?

Jens Uwe Hansen hat diese Kanzlei vor gut 45 Jahren gegründet und er hat dieses Prinzip vorgelebt. Das ist bei ihm kein angelerntes Management-Wissen, sondern er ist einfach so vom Typ her. Er hat mich geprägt und viele gute Steuerberater hervorgebracht. Als mein Vater starb, hat Jens Uwe Hansen sofort alles stehen und liegen lassen und war für mich da. Nachdem Thomas Möller und ich die Kanzlei dann weiterführten, haben wir Hansens Prinzipien einfach mal auf Papier ausformuliert. Das war die Geburtsstunde unseres Kanzlei-Leitbildes. Die Herausforderung war es, das Leitbild später auch in den Köpfen unserer neuen Partner zu verankern.

(…)

Das überarbeitete Leitbild wurde dann von den Partnern gemeinsam verabschiedet. Ein Foto dieses Aktes zeigt die Partnerriege um einen Tisch. Alle Hände sind durch ein Band verbunden, das den Zusammenhalt symbolisieren soll, und auf allen Nasenspitzen prangen rote Clownsnasen. Es macht Böttcher Spaß, dieses Foto vorzuzeigen.

Clownsnasen, Herr Böttcher?

Wir sind so. Wir haben Spaß, lachen viel – auch wenn wir mal die Nacht durcharbeiten müssen. Zeitdruck gibt es auch in unserer Kanzlei, gerade durch die internationalen Steuertermine. Aber wir wollen es gut miteinander haben. Und es gibt Wichtigeres als Umsatz. Auch daran soll die rote Nase erinnern.

Als sich Böttcher mit der roten Schaumgummi-Nase fotografieren lässt, fällt es ihm schwer, ernst zu schauen. Ein kleines Grüppchen Mitarbeiter steht in der Tür und singt: »Du hast die Nase schön, du hast die Nase schön!« Böttcher feixt zurück. Die rote Nase liegt übrigens griffbereit in seiner Schreibtischschublade, kommt auch mal in Mandantengesprächen zum Einsatz und hat dem Wachstum der Gruppe nicht geschadet.

Von 2004 bis 2011 hat sich der Gruppen-Umsatz nach Böttchers Angaben mehr als verzweieinhalbfacht, auf jetzt 7,5 Mio. Euro. Wer so schnell wächst, zieht Aufmerksamkeit auf sich – und nicht immer wünschenswerte Aufmerksamkeit. Um nicht immer wieder aufs Neue auf jede von Kollegen initiierte Kammeranfrage reagieren zu müssen, hat Böttcher den Spieß umgedreht: Jede Marketingmaß-nahme, jeden Text auf den Internetseiten lässt er sich schriftlich von der Steuer-beraterkammer absegnen. Die weiterhin einströmenden Anfragen von um das Berufsrecht besorgten Kollegen kann die Kammer jetzt meist ohne Nachforschung bearbeiten.

Sie haben jüngst eine Filiale in Frankfurt am Main eröffnet. Wie gehen Sie bei der Expansion vor?

Böttcher: Wir sind ständig auf der Suche und die nächsten beiden Niederlassun-gen stehen kurz vor der Eröffnung. Meist haben wir entweder einen potenziellen Partner in petto oder eine geeignete Kanzlei, es muss dann nur räumlich und zeitlich passen. Ich antworte auf alle Praxis-Inserate und stehe laufend mit einem guten Dutzend Kanzleien in Verhandlungen. Ein Praxiserwerb dauert circa zwei Jahre. Wir gehen solche Bindungen nicht leichtfertig ein. Beim ersten Telefonat spürt man schon, ob die Chemie stimmt. Was das weitere Kennenlernen angeht, so lege ich Wert auf vollkommene Transparenz. Ich gebe den Verkäufern Bank-referenzen und Kontakte zu anderen Beratern, deren Praxis wir übernommen haben oder die jetzt bei uns an Bord sind. Wenn ich die Kanzlei das erste Mal be-suche, weiß ich, wie sie geführt wird. In manchen Kanzleien geht es steril zu und man sieht keine Familienfotos auf den Schreibtischen der Mitarbeiter. In anderen Kanzleien fühlt man sich gleich heimisch.

Beauftragen Sie für die Suche auch Kanzleivermittler?

Nein, Kanzleivermittler suchen Kanzleien nach wirtschaftlichen Kriterien aus. Ich suche die Praxis nach den Menschen aus. Wenn ich die Wahl hätte zwischen einem guten Mandanten und einem guten Mitarbeiter, ich würde den Mitarbeiter wählen. Denn wenn man die richtigen Menschen hat, klappt der Rest von allein. Die Gretchenfrage beim Kanzleiverkauf ist immer: Meint der andere es gut mit mir? Das Bauchgefühl muss stimmen.

(...)

Böttcher lacht oft. Gern über sich. Wenn er Projekte erläutert, dann endet das oft in einer doppelten Frage, die er gleich selbst beantwortet: »Klappt das immer perfekt? Nein. Klappt es meistens sehr gut? Ja.« Und wenn er Herangehensweisen beschreibt, dann endet die Beschreibung oft mit dem Satz: »Aber ich bin ja auch verrückt«. Er kokettiert damit, dass seine Kanzlei-Kollegen das Steuerrecht vielleicht ein bisschen besser draufhaben. Und gleichzeitig klingt Stolz und Bewunderung durch für Jahrgangsbeste, die er für die DanRevision gewinnen konnte, über Promotionen oder Buchprojekte seiner Partner. Aber auf eines lässt er nichts kommen: seine unternehmerische Ader.

(...)

Böttcher: Ich bin Unternehmer durch und durch. Ich denke nicht jede Sekunde ans Geld, aber ich weiß, wie ich es verdienen kann. Ich probiere wahnsinnig gern Sachen aus und sage dann oft: Das klappt bestimmt nicht, lasst es uns probieren. Und der Tag, an dem ich daran keinen Spaß mehr habe, wird der Tag sein, an dem ich aufhöre.

Auch folgender Ausschnitt aus einem Zeitungsinterview mit meiner gesellschaftsrechtlichen Partnerin Olga Kress charakterisiert die Arbeitsatmosphäre bei uns:

> **!** **Auszug aus dem Zeitungsinterview »Bei uns gibt es keine Hierarchien«**
> **(vollständiges Interview siehe Anhang)**
>
> Steuerberaterin Olga Kress über ihre Arbeit in einem Betrieb mit einer besonderen Unternehmensführung
>
> **Flensburger Tageblatt, 24.09.2016**
>
> (...)
>
> »Unser Chef – der eigentlich lieber Trainer genannt werden möchte – hat den Traum von einer werteorientierten Unternehmensführung. Unsere Philosophie besagt, dass der Mensch im Mittelpunkt steht und dies auch wirklich so gelebt wird. Wir haben dabei alle eine Vorbildfunktion und haben dadurch einen außergewöhnlich familiären Zusammenhalt erreicht.
>
> (...)
>
> Besonders ist, dass wir keine Hierarchien haben und miteinander per Du sind. Jeder – unabhängig von seiner Funktion – ist wichtig. Es wird mit 100 Prozent Vertrauen geführt. Arbeit und Arbeitszeiterfassung erfolgen selbstständig und eigenverantwortlich und werden nicht kontrolliert. Vorgaben gibt es nur, wo unbedingt exakt gearbeitet werden muss. Wir sind ein Team. Das erreichen gemeinsamer Ziele steht vor interner Konkurrenz, wir gewinnen – aber wir verlieren auch gemeinsam. Unsere interne Buchhaltung ist offen, bei uns weiß jeder, was der andere verdient und wie die wirtschaftliche Situation des Unternehmens ist.

Unsere Auswertung hängt für alle sichtbar monatlich aus. Die Mitarbeiter sind bei den unternehmerischen Entscheidungen dabei und erhalten so die Möglichkeit, das Unternehmen selber zu führen.«
Interview: Julian Heidt

Einige Aspekte der skandinavisch inspirierten Führungsweise, die ich die Danmark-Methode nenne, sind in den Zeitungsbeiträgen schon deutlich geworden, allen voran natürlich die Betonung des guten Miteinanders in der Firma. Doch wie setzt man sie im Alltag konkret um? Das möchte ich Ihnen in Teil 2 dieses Buches anhand von konkreten Beispielen und Methoden erklären.

Teil 2
Die Danmark-Methode

Tipps und Methoden für eine menschenzentrierte
Führungsweise

Es gibt immer einen Weg

Vergiss die Leute, die dir erzählen, dass es nicht geht, und hol dir die,
die sich für deine Ideen begeistern.

Michael Dell, Gründer der Computerfirma Dell

Sie kennen bestimmt das bekannte sogenannte Neun-Punkte-Problem. Darin geht es darum, neun Punkte mit einem Stift durch vier gerade Linien zu verbinden, ohne den Stift abzusetzen.

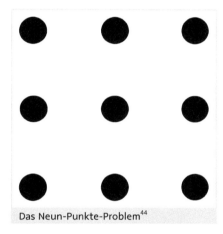

Das Neun-Punkte-Problem[44]

Wenn Sie das Spiel nicht kennen, versuchen Sie es einmal! Vermutlich wird es Ihnen schwerfallen, weil Sie versuchen, die Punkte innerhalb des Rahmens zu verbinden, der scheinbar durch die äußeren Punkte gegeben ist.

Das Rätsel illustriert ein generelles Problem des menschlichen Gehirns, das oft darauf bedacht ist, Informationen nach bekannten und offensichtlichen Kategorien zu sortieren.

So bilden die äußeren Punkte plötzlich einen Rahmen, der in Wirklichkeit überhaupt nicht existiert.

Innerhalb dieses Rahmens lässt sich das Problem nicht lösen. Erst wenn Sie über das Quadrat hinauszeichnen, können Sie das Rätsel lösen. Das Neun-Punkte-Problem ist somit ein gutes Beispiel für die Methode »thinking outside the box«, also außerhalb des gegebenen Rahmens zu denken.

---

44   Quelle: https://de.wikipedia.org/wiki/Neun-Punkte-Problem, abgerufen am 28.9.2018

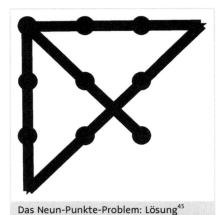

Das Neun-Punkte-Problem: Lösung[45]

Viele Probleme, viele Dilemmas, viele Sackgassen, denen wir in unserem Leben begegnen, erscheinen nur als solche, weil wir sie aus einem bestimmten Blickwinkel betrachten. Wenn wir das Problem in einem neuen Zusammenhang sehen, erscheinen neue Möglichkeiten, über die wir vorher nicht nachgedacht haben. Dieser Prozess wird auch *Reframing* genannt.

45 Quelle: ebenda

Ich helfe Menschen, ihre Träume zu erfüllen

Um diese Führungsmethode zu illustrieren, möchte ich Ihnen erzählen, wie ich mit meinem Partner Björn Pedersen (Name geändert) zusammengefunden habe und begann, die Welt der Steuerberater und wirtschaftsprüfenden Berufe gemeinsam mit ihm anders zu sehen.

Im Sommer 2008 bewarb sich ein enthusiastischer Mensch bei mir und teilte mir mit, er wolle bei mir eine Chance bekommen, sich mit einer eigenen Firma innerhalb der DanRevision Gruppe selbstständig zu machen. Er erzählte, wie diese Firma einmal aussehen sollte, und versprach mir die schönsten Dinge.

Ich hatte das Gefühl: Da ist einer, der jemand ganz Besonderes sein kann, wenn er will. Er hatte eine der besten Steuerberaterprüfungen in Schleswig-Holstein abgelegt und hielt auch in unserem Gespräch mit seiner fachlichen Kompetenz nicht hinterm Berg.

Er erzählte, dass er bereits jetzt mehr als die meisten Steuerberater mit 30 Jahren verdiene, nämlich mehr als 5.000 Euro monatlich. Ein wenig dick aufgetragen, dachte ich damals, aber der Kerl war mir sympathisch. Dennoch konnte ich ihm nicht so einfach geben, was er wollte, dafür hatte ich in meinem Leben schon zu viele Enttäuschungen erlebt.

Früher bin ich in solchen Situationen fast immer nach dem Vertrauensprinzip vorgegangen; Vertrauen war für mich ein wichtiges Element der hierarchielosen Führung. Doch mehrfach habe ich dann den falschen Leuten vertraut. Davon will ich Ihnen hier kurz erzählen.

Schlechte Erfahrungen

Zwei Mal bin ich in meiner unternehmerischen Zeit richtig betrogen worden. In beiden Fällen hatten die Menschen mir persönlich sehr viel versprochen. Ich habe Dinge erlebt, die ich keinem meiner Partner oder Mitarbeiter und auch keinem meiner Wettbewerber wünsche.

Der erste Fall liegt jetzt weit über 15 Jahre in der Vergangenheit und er hat mich persönlich sehr viel gekostet, sowohl an Geld als auch an persönlichem Leid. Im Gespräch mit Björn Pedersen fühlte ich mich durchaus an diesen damaligen Partner erinnert: Auch ihn hatte ich zunächst als tollen Mann kennengelernt. Er war bundesweit bekannt und war regelmäßig in der Presse gewesen und hatte sogar auf höchster politischer Ebene in der Bundesregierung mitgespielt. Er hatte mir überzeugend dargelegt, was ich alles falsch mache und wie ich es richtig machen müsse.

Von seinen Zusagen hat dieser Mann leider 75 Prozent nicht gehalten, aber im Bereich Qualität die DanRevision Gruppe durchaus positiv beeinflusst. Dennoch hatte die Geschichte sehr unangenehme Folgen, auf die ich hier im Detail nicht eingehen möchte.

Das zweite Mal, dass ich von einem Partner so richtig im Stich gelassen wurde, war vor etwas über zehn Jahren. Infolge dieses Konflikts mit meinem Partner musste ich zehn Tage wegen Verdunklungsgefahr (also der Gefahr, ich könne Beweise vernichten) in Untersuchungshaft. An dieser Stelle der Hinweis auf mein Buch »Herr Steuerberater, Sie sind verhaftet« (ISBN: 9783752896886), in dem ich von meinen Erfahrungen berichte.

In dieser Zeit der Zwangsruhe in der Untersuchungshaft habe ich intensiv darüber nachgedacht, ob ich weiterhin positiv an Menschen glauben möchte. Die Antwort lautete: ja, aber nicht mehr uneingeschränkt.

Die Methode »Reframing« in Aktion

Nun saß also dieser Herr Pedersen vor mir und in meinem Kopf erschienen die beiden Fälle und eine innere Stimme sagte laut und deutlich, dass ich ihm nicht so einfach blind vertrauen konnte. Doch so einfach wollte ich es mir nicht machen und überlegte, wie ich mithilfe des *Reframings* zu einer neuen Lösung kommen könnte. Welche Schranken hatte ich im Kopf, die es zu lösen galt? Wie konnte ich ihm ein gewisses Vertrauen entgegenbringen, ohne wieder zu riskieren, dass es missbraucht würde?

Die Lösung lautete folgendermaßen: Ja, Herr Pedersen bekommt die Chance auf eine eigene Firma. Aber ich verändere etwas. Jeder, der es nicht gut mit mir meinte, wollte immer erst das Geld und dann redete er von großen Chancen und was man alles gemeinsam machen könnte. Diesmal drehte ich den Spieß um.

»Folgendes biete ich Ihnen an, Herr Pedersen«, sagte ich. »Ich werde Sie sechs Monate testen. Sie erhalten bis zum Jahresende 2.000,00 Euro monatlich und wenn Sie so gut und toll sind, wie Sie behaupten, bekommen Sie Ihre eigene Firma.« Ohne auch nur einen Moment zu zögern, sagte er zu.

Die Arbeit mit Björn Pedersen war nicht immer leicht, aber er war superengagiert, eigenwillig und hat tolle fachliche Dinge bewegt. Nach vier Monaten bestellte ich ihn in mein Büro: Was meinen Sie, Herr Pedersen, sollen wir es wagen?

Ich fragte ihn: »Wollen Sie 100.000 Euro an Umsatz geschenkt haben? Sie können ab sofort den größten Kunden der Gruppe betreuen.« Man muss wissen, dass das enorm viel Geld ist für jemanden, der noch vor vier Monaten »nur« etwas mehr als 5.000 Euro verdient hat.

Natürlich sagte er sofort zu. Schon damals hatte er einen unbändigen Willen und ein gewisses Blitzen und Glänzen in den Augen und das hat er bis heute nicht verloren. Begrenzungen gibt es in seinem Kopf nicht; deshalb ist er chaotisch und unberechenbar, was im besten Sinne gemeint ist. Er erschafft täglich neue Dinge und lernt täglich dazu.

Und was geschah dann? Björn Pedersen hat unseren größten Kunden drei Jahre lang betreut und bekam in dieser Zeit so viele Zusatzaufträge, dass er am Ende vier Millionen Euro Umsatz erwirtschaftet hat. Daneben hat er in den Jahren 2008 (0,00 Euro Umsatz) bis 2013 (hier ohne den größten Kunden) eine weitere Million Euro Umsatz geschaffen.

Er hat es also geschafft, in vier Jahren eine Million nachhaltigen Umsatz deutschlandweit zu erzielen, und sich auf diese Weise seinen persönlichen Unternehmertraum erfüllt, der bis heute nicht zu Ende ist. Seine Bezüge liegen heute deutlich über dem Gehalt seiner ehemaligen Chefs und seiner damaligen Anstellung.

Björn Pedersen ist für mich der Inbegriff des Mottos: »Es gibt immer einen Weg!« Fast hätte ich ihm die Chance auf ein eigenes Unternehmen verwehrt, weil ich zu sehr von den schlechten Erfahrungen meiner Vergangenheit geprägt gewesen war. Zum Glück fand ich einen Ausweg aus dieser scheinbaren Sackgasse.

! **Übung**

Wann immer Sie in einer Sackgasse stehen, fragen Sie sich:
- Welche (unbewussten) Annahmen mache ich, durch die die Situation als schwierig oder unlösbar erscheint?
- Welche anderen Wege gibt es, über die ich noch nicht nachgedacht habe, die mir neue Möglichkeiten eröffnen?

Sich über die Grundsätze und Leitlinien, nach denen man führen möchte, bewusst zu sein, ist das eine. Sie so in die Tat umzusetzen, dass andere sie auch so wahrnehmen, ist das andere.

Im Laufe der Jahre haben sich Kollegen und Geschäftspartner über die besondere Zusammenarbeit mit der DanRevision geäußert. Am Ende dieses und der folgenden Kapitel möchte ich Ihnen eine Auswahl von Außenwahrnehmungen präsentieren, die zeigen, dass die Danmark-Methode nicht nur etwas ist, was in unseren Köpfen existiert, sondern auch etwas, was andere als positiv wahrnehmen.

Die Zitate sind aus den sozialen Netzwerken Xing und LinkedIn übernommen mit Stand vom 6. Oktober 2018. Sie bestätigen, dass die Danmark-Methode nicht nur ein theoretischer Ansatz ist, sondern in der Praxis auch funktioniert. Wer gute Beziehungen pflegt und neuen Möglichkeiten stets offen gegenübersteht, wird als Geschäftspartner geschätzt.

Ralph Böttcher zu beschreiben, fällt ehrlich gesagt schwer. Fehlen mir doch die geeigneten Worte, um dieses Lösungsbewusstsein, welches Ralph wie eine Aura umgibt, auszudrücken. Nichts scheint für Ralph unmöglich zu sein, keine Idee zu abwegig, um sie nicht zumindest einmal zu durchdenken.
Ich habe Ralph als einen Menschen kennengelernt, der trotz seiner Kreativität und seines Ideenreichtums, gepaart mit sehr guter Überzeugungskraft, nicht allein sein eigenes Interesse verfolgt, sondern versucht, die am Tisch sitzenden Gesprächspartner gleichermaßen zufriedenzustellen. Nicht nur dieser gesunde Egoismus macht ihn sehr sympathisch, sondern auch seine sehr freundliche und offene Art und Weise.
Durch diese besondere Art schafft es Ralph, eine vertrauensvolle Atmosphäre zu schaffen, in der man sich sofort wohlfühlt. Sollte ein Projekt trotz aller Ideen nicht zum Erfolg geführt werden können, behält man Ralph trotzdem in guter Erinnerung. Ich wünsche Dir, Ralph, weiterhin viel Erfolg.«
Andreas Brockmann – »Quelle Steuerberater«

Es gibt immer genügend Menschen, die einem sagen, was nicht geht.
Weiter bringen einen aber nur Menschen, die man für seine Ideen begeistern kann. Ein solchen Menschen habe ich mit Ralph Böttcher kennengelernt.
Kyrill Seitz, Geschäftsführender Gesellschafter,
GFT Steuerberatungsgesellschaft KG

Ich entdecke in jedem Menschen das Besondere

Michelangelo hat einmal gesagt: »In jedem Block Stein oder Marmor verbirgt sich eine wunderbare Statue, man muss nur das ganze Material drumherum entfernen, um das Kunstwerk darin freizulegen.«

Wenn man dieses Zitat auf die Unternehmenswelt überträgt, besagt es, dass wir als Führungskräfte in jedem Menschen in unserer Umgebung das (womöglich verborgene) Potenzial entdecken sollen. Wir sollten uns ständig fragen: Was ist der Zauber, die Einzigartigkeit der Personen um mich herum? Dies ist eines meiner Lieblingsthemen, über das ich immer wieder sehr gerne spreche.

Man kann dieses Zitat nicht nur auf die Unternehmenswelt übertragen, auch in die Welt der Bildung passt es hervorragend. Wenn wir davon ausgehen, dass in jedem Kind eine wunderbare Begabung steckt, die wir nur freilegen müssen, würde das unser Bildungssystem grundlegend verändern. Wir würden dann sehen, dass es sinnlos ist, Kinder miteinander zu vergleichen, und jedes Kind würde individuell gefördert werden, damit seine Begabung so gut wie möglich zum Vorschein kommt.

Mit diesen Gedanken im Kopf haben meine Frau und ich beschlossen, unsere Kinder in das dänische Erziehungssystem zu schicken. Wir finden, dass dort mehr Wert darauf gelegt wird, die Neigungen und einzigartigen Fähigkeiten jedes Kindes zu fördern. Schließlich sind wir nicht alle gleich gut in Mathe oder Sprachen und müssen es auch nicht sein.

Schon Albert Einstein sagte: »Jeder ist ein Genie! Aber wenn Du einen Fisch danach beurteilst, ob er auf einen Baum klettern kann, wird er sein ganzes Leben glauben, dass er dumm ist.«

Auch der US-amerikanische Erziehungswissenschaftler Howard Gardner macht in seinen Arbeiten darauf aufmerksam, dass es verschiedene Arten von Intelligenz gibt. Er unterscheidet etwa folgende Intelligenzen:[46]

- Sprachlich-linguistische Intelligenz
- Logisch-mathematische Intelligenz
- Musikalisch-rhythmische Intelligenz
- Bildlich-räumliche Intelligenz
- Körperlich-kinästhetische Intelligenz
- Naturalistische Intelligenz
- Interpersonale Intelligenz (auch Soziale Intelligenz)
- Intrapersonelle Intelligenz
- Spirituelle Intelligenz

Sehr viele Menschen verbringen ihr ganzes Leben damit, zu denken, dass sie kein besonderes Talent besitzen. Ich treffe immer wieder Menschen, die glauben, es gäbe nichts, was sie besonders gut können. Doch jedes Mal fällt mir schon nach kurzer Zeit etwas Besonderes an ihnen auf. Wenn dieser Mensch mein Mitarbeiter ist, versuche ich, mit ihm gemeinsam daran zu arbeiten, dass seine Stärken besser zum Ausdruck kommen.

Der Bildungsforscher Ken Robinson bringt es in diesem Zitat auf den Punkt:

»Ich treffe vielerlei Leute, die keine Freude an dem haben, was sie tun. Sie ›absolvieren‹ einfach so ihr Leben, leben vor sich hin. Sie haben keine Freude an dem, was sie tun. Sie halten das Leben vielmehr aus, anstatt es zu genießen, und warten aufs Wochenende. Aber ich treffe auch Menschen, die das, was sie tun, lieben und die sich nicht vorstellen könnten, etwas anderes zu machen. Würde man ihnen sagen ›Hör damit auf!‹, dann würden sie sich wundern, wovon man wohl redete. Denn es ist nicht, was sie tun, sondern wer sie sind. Sie sagen: ›Aber wissen Sie, das bin doch ich. Es wäre töricht von mir, diese Tätigkeit aufzugeben, spricht sie doch mein authentischstes Selbst an.‹ Doch dies trifft nicht auf genügend Menschen zu.«[47]

---

46 https://de.wikipedia.org/wiki/Theorie_der_multiplen_Intelligenzen, abgerufen am 28.8.2018
47 https://www.ted.com/talks/sir_ken_robinson_bring_on_the_revolution/transcript#t-1039472, abgerufen am 25.8.2018

Abraham Lincoln, der 16. Präsident der USA, sprach davon, dass die Menschen sich »selbst entfesseln müssen«. Es gibt Ideen, an die wir alle gefesselt sind, zum Beispiel, dass wir nichts Besonderes können. Das wurde uns häufig schon in der Schule eingetrichtert, es ist also gar nicht unsere Schuld, dass wir so denken – es ist ein kulturelles Phänomen.

Dabei ist es übrigens sinnlos, verschiedene Fähigkeiten miteinander zu vergleichen und die eine für bedeutender als die andere zu halten. Bildungsforscher Robinson unterstreicht dies mit der folgenden Geschichte, die eine Unterhaltung während einer Signierstunde wiedergibt.

»Was sind Sie von Beruf«, fragt Robinson einen Autogrammjäger. »Feuerwehrmann«, lautet die Antwort. »Wie lange sind Sie schon Feuerwehrmann?«, fragt Robinson. »Schon immer. Ich wollte schon als Kind Feuerwehrmann werden. (…) Als ich ins letzte Schuljahr kam, nahmen meine Lehrer das nicht ernst. Besonders dieser eine Lehrer nahm es nicht ernst. Er sagte, ich würde mein Leben wegschmeißen, wenn das alles wäre, was ich damit tun wolle, und dass ich auf die Uni gehen sollte und ein Studium absolvieren, dass ich großes Potenzial hätte und dass ich nur mein Talent verschwenden würde. (…) Aber es war, was ich wollte, und direkt nach der Schule bewarb ich mich bei der Feuerwehr und wurde angenommen. Wissen Sie, ich habe kürzlich an diesen Lehrer gedacht (…), denn vor sechs Monaten habe ich ihm das Leben gerettet. Er steckte in einem Unfallwagen und ich habe ihn herausgezogen, ihn wiederbelebt und dann auch noch das Leben seiner Frau gerettet. Ich glaube, er hält jetzt mehr von mir.«[48]

Stellen Sie sich vor, Mitarbeiter können einen Großteil der Zeit etwas tun, wofür sie eine gewisse Leidenschaft empfinden. Wir alle kennen das Phänomen: Wenn man etwas tut, was man liebt und was man gut kann, dann verläuft die Zeit komplett anders. Wenn man etwas tut, was man liebt, fühlt sich eine Stunde wie zehn Minuten an. Wenn Sie etwas tun, das Ihrem Geist nicht entspricht, fühlen sich zehn Minuten an wie eine Stunde. Tut man etwas, das man liebt, muss man sich nicht groß motivieren, um eine Aufgabe zu beginnen; und gute Ergebnisse kommen quasi von selbst, wenn man seine Arbeit gerne macht.

---

48   ebenda

„Das Wichtigste ist der Mensch"

Ralph Böttcher
Steuerberater mit Herz

Was bedeutet das für Führungskräfte? Seien Sie offen gegenüber unterschiedlichen Arten von Intelligenz, um die Einzigartigkeit und Talente eines jeden einzelnen Kollegen zu entdecken. Wenn jemand nicht perfekt die Rechtschreibung beherrscht, fragen Sie sich: Was kann er stattdessen besonders gut? Blicken Sie auf seine Stärke, anstatt ihn permanent für seine Schwäche zu tadeln.

Auch in dem Buch »The Art of Possibility« – geschrieben von dem amerikanischen Dirigenten Benjamin Zander und seiner Frau Rosamund Stone Zander, die als Psychotherapeutin arbeitet – wird dieser Ansatz deutlich.

Die Zanders nennen ihr Konzept »Giving an A«. Ein »A« ist die höchste Note im amerikanischen Notensystem, entsprechend der deutschen 1. Jemandem ein »A« zu geben, ist hier im übertragenen Sinne gemeint. Es geht eigentlich um die innere Haltung, mit der man jemandem begegnet.

In ihrem Buch schreibt das Paar: »Ein A kann man jedem und zu jeder Zeit geben: einer Kellnerin, seinem Arbeitgeber, seiner Schwiegermutter, der gegnerischen Mannschaft und den anderen Verkehrsteilnehmern. Wenn man jemandem ein A gibt, spricht man ihn mit Respekt an und man gibt ihm den nötigen Raum, um sich zu entfalten. Es geht nicht darum, ihn zu bewerten.«[49]

---

49 Zander, Rosamund Stone. The Art of Possibility: Transforming Professional and Personal Life (S. 25-26). Penguin Publishing Group. Kindle-Version (frei übersetzt vom Autor).

Oder um es mit Michelangelo zu sagen: Man blickt auf die wunderbare Statue, die in jedem Menschen steckt. Dies ist die Grundlage für wahre Partnerschaft, Teamarbeit und gute Beziehungen am Arbeitsplatz.

Das zeigt auch die Geschichte von Martina (Namen geändert) aus meinem Unternehmen. Gleich zu Beginn meiner Selbstständigkeit sollte ich die Stelle der Hauptverantwortlichen im internen Rechnungswesen besetzen. Es bewarb sich Martina, die damals schon 47 Jahre alt war und bislang in der Buchhaltung gearbeitet hatte. Zitat: »Ich möchte noch einmal was Neues und Herausforderndes lernen und mich beweisen.«

Martina bekam den Job und ich habe bis heute keine Sekunde daran gezweifelt, dass es die richtige Entscheidung war; etwa, wenn Martina sich wieder einmal in technische Neuerungen einarbeitet, die SEPA-Umstellung anführt oder die Nutzung des Onlinebereiches stetig verbessert. Regelmäßig erinnere ich sie daran, dass die Rente mit 75 Jahren keine Utopie mehr ist, und lache herzlich mit ihr darüber. Ich freue mich täglich, dass ich sie habe.

Lassen wir Martina doch auch einmal selbst zu Wort kommen.

Mein Weg in die DanRevision: Als ich mir im Alter von 47 Jahren notgedrungen einen neuen Arbeitsplatz suchen musste, bewarb ich mich bei der DanRevision. Sofort rief Ralph Böttcher mich an, um mich zu einem Vorstellungsgespräch einzuladen. Seine Worte waren: ›So einen alten Hasen wie Sie suchen wir.‹
Ich sagte ihm: ›Ich möchte gerne etwas Neues lernen.‹
Ich wollte ursprünglich nur halbtags arbeiten, die DanRevision suchte aber eine Ganztagskraft. So sprang ich ›ins kalte Wasser‹ und dachte mir, ich fange erst mal an. Aus diesem ›erst mal anfangen‹ sind jetzt schon 13 Jahre geworden.
Ich wechselte bald in die ›interne Buchhaltung« und brachte diese auf ›Vordermann‹, was mir sehr viel Spaß brachte und immer noch bringt und die ich auch dank Ralph auf einen hohen Standard gebracht habe.
Die Zusammenarbeit mit Ralph Böttcher bringt mir sehr viel Spaß. Er hat klare Ansagen, reagiert sofort und man weiß genau, wie er etwas haben will.
Er hat auch ein Gespür dafür, wenn es einem nicht gut geht,
und ist immer für ein persönliches Gespräch da. (Oder er setzt die ›rote‹ Nase auf, um einen aufzuheitern.) Ebenso bemerke ich auch, wenn es ihm nicht gut geht, das bringen die Jahre mit sich, die wir uns kennen.

Ralph Böttcher sucht immer die Herausforderung und zieht einen auch mit und hält mir meinen Spruch vor: ›Ich möchte gerne etwas Neues lernen.‹ Wir setzen Dinge um, die in anderen Praxen noch gar nicht bekannt sind, und wir sind so sehr fortschrittlich. Mir hat er in der internen Buchhaltung Vorgaben gemacht, die ich dann auch umgesetzt habe. ›Geht nicht gibt's nicht‹, man muss es jedenfalls probieren. Manchmal will Ralph zu viel ausprobieren, was nicht immer möglich ist. Dann gebe ich ihm auch mal ›Kontra‹ und muss ihm erklären, wieso es nicht geht.

Menschlichkeit steht bei Ralph Böttcher und in der DanRevision an erster Stelle. Alles in allem war es das Beste, was mir beruflich passieren konnte, dass ich bei der DanRevision angefangen habe. Und ich habe hier in all den Jahren ›viel Neues gelernt‹ und lerne immer noch.

Eine Steuerfachangestellte der DanRevision

Übung   !

Beobachten Sie, welche imaginären Noten Sie Ihren Mitarbeitern und/oder Kollegen geben, wenn Sie mit ihnen interagieren. Behandeln Sie Ihren Lieblingskollegen wie einen Einserkandidaten und jemand anderen so, als sei er gerade noch »ausreichend«? Schauen Sie, welchen Effekt dies auf die Zusammenarbeit hat und ob Sie Ihre Gewohnheiten ändern können.

Überlegen Sie, was das Besondere in jedem einzelnen Kollegen ist und wie Sie ihm als Führungskraft helfen können, es noch besser zur Entfaltung zu bringen.

Herrn Böttcher habe ich als einen Menschen kennengelernt,
der es wie kaum jemand versteht, Menschen zusammenzubringen.

Franz Joachim Sahm, Wirtschaftsprüfer

Ralph Böttcher habe ich als überaus interessanten Menschen kennengelernt!
Er wirkt auf mich ehrlich und gradlinig, was sich letztlich auch in der
Mitarbeitersuche spiegelt (bitte bewerben Sie sich nicht, wenn ...).
Besonders bemerkenswert fand ich, dass er sich nach über einem Jahr nach
unserem persönlichen Erstgespräch nach Xing-Kontaktaufnahme
an mich erinnerte.

Sven Holland, Leiter Finanzwesen; Syndikus-Steuerberater, Förde Sparkasse

Ich bin sehr gut zu den Menschen in meinem Umfeld

Es wütete ein fürchterliches Unwetter und meterhohe Wellen brachen sich am Strand. Nachdem sich das Unwetter und der Sturm wieder verzogen hatten, lagen unzählige Seesterne am Meeresufer, die von der Strömung an den Strand gespült worden waren.
Ein kleines Mädchen stapfte am Strand entlang, hob vorsichtig Seestern für Seestern auf und warf sie wieder zurück ins Meer. Da kam eine ältere Frau vorbei und rügte das Mädchen: »Du dummes kleines Ding. Was du da machst, ist völlig zwecklos. Siehst du nicht, dass der ganze Strand voll von diesen Seesternen ist? Du kannst sie sowieso nie alle zurück ins Meer werfen, was du hier tust, bringt gar nichts!«
Das Mädchen blickte traurig auf die vielen Seesterne, die am Boden lagen und von denen vermutlich viele sterben würden. Dann hob sie behutsam einen Seestern auf und warf ihn wieder zurück in das Wasser.
Zu der Frau sagte sie: »Für diesen hier wird es etwas ändern.«[50]

Oft geschieht es, dass Mitarbeiter etwas mit einer guten Absicht tun und dafür getadelt werden, wie das Mädchen in der Geschichte. Die wenigsten haben dann allerdings den Mut, ihrem Chef die Meinung zu sagen. Ebenso schädlich ist es, wenn gute Taten nicht bemerkt oder nicht ausreichend gewürdigt werden.

Ich habe mir deshalb fest vorgenommen, Mitarbeiter dabei zu erwischen, wenn sie etwas Tolles machen. Ich nenne es den Adlerwert der DanRevision Gruppe; Adler deshalb, weil wir genau aufpassen müssen, um auch jede Kleinigkeit zu bemerken. Dieses Prinzip habe ich vor vielen Jahren eingeführt und inzwischen macht es mir eine höllische Freude, die Menschen dabei zu erwischen, wenn sie etwas Gutes tun. Das meine ich mit der Kapitelüberschrift »Ich bin sehr gut zu den Menschen in meinem Umfeld«.

---

50 https://motivationsgeschichten.com/2012/08/06/seesterne-retten-14385727/, abgerufen am 28.8.2018

Während meiner Ausbildung zum Mental Coach habe ich viel darüber erfahren, was es mit Menschen macht, wenn man sie dabei »erwischt«, wenn sie Gutes tun. Macht sich das jeder in der Firma bewusst, entsteht in dem jeweiligen Umfeld eine wunderbare Energie, die sich nur schwer beschreiben lässt.

Irgendwann habe ich mich vor die Kollegen gestellt und gesagt: »Was würde wohl passieren, wenn jeder jeden Tag zwei Mal besonders aufmerksam ist und schaut, welche schönen Dinge in seiner Umgebung vor sich gehen, und sei es nur, dass man die neue Brille des Kollegen bemerkt oder ein neues Kleidungsstück?«

Erst einmal fragten sich alle, was ich denn schon wieder vorhabe mit meinem »Gutes tun« (das kannten sie ja schon). Doch sie willigten ein, es ein paar Wochen zu versuchen. Teils machten sie sich auch ein bisschen darüber lustig, aber das änderte nichts am Effekt.

Nach etwa zwei Wochen berief ich ein neues Meeting ein: »Spürt ihr, was passiert ist?«, fragte ich. »Könnt ihr fühlen, was ihr bewegt? Und es ist nicht mal schwer!« Ich spürte eine unglaubliche Energie und bekam eine Gänsehaut. Im ganzen Raum war ein Kribbeln und Knistern zu spüren, weil es sich einfach toll anfühlt, gut zu anderen zu sein.

Mit der Steuerung der eigenen Wahrnehmung können wir viel Gutes erreichen. Das hat auch die Wissenschaft entdeckt.

Dem renommierten Glücksforscher und Buchautor Shawn Achor zufolge lassen sich lediglich zehn Prozent des Langzeitglücks einer Person auf externe Umstände zurückführen. 90 Prozent des Langzeitglücks werden nicht durch die externe Welt beeinflusst, sondern dadurch, wie das Gehirn die Welt verarbeitet.

Und nicht nur das: Nur 25 Prozent des beruflichen Erfolgs werden dem Forscher zufolge vom IQ bestimmt. 75 Prozent werden dagegen durch den eigenen Optimismus, das soziale Umfeld und die eigene Fähigkeit bestimmt, Stress als Herausforderung und nicht als Bedrohung zu sehen.[51]

In einem Vortrag illustriert Shawn Achor, wie die eigene Wahrnehmung das Glücksempfinden beeinflusst, mit folgender Geschichte über seine unerwartete Zusage von der Universität Harvard: »Plötzlich war aus etwas Unmöglichem eine Realität geworden. Bei meiner Ankunft nahm ich an, dass alle anderen dies auch als Privileg sähen, dass sie aufgeregt über den Universitätsbesuch wären. Allein wenn man in einem Klassenzimmer mit Leuten sitzt, die allesamt klüger sind als man selbst, ist das schon Grund zur Freude, so dachte ich. (...) (Doch) in meiner Forschung und Lehre fand ich heraus, dass diese Studenten, egal wie glücklich sie anfangs darüber gewesen waren, an diese Schule gehen zu dürfen, nach zwei Wochen all ihr Denken nicht mehr auf das Privileg der Anwesenheit konzentrierten und auch nicht auf ihre Philosophie oder Physik. Ihre Gehirne fokussierten sich auf den Wettbewerb, die Menge der Arbeit, die Anstrengungen, den Stress, die Beschwerden.«[52]

Er erklärt dieses Phänomen so: »Jedes Mal, wenn das Gehirn einen Erfolg verzeichnet, wird einfach die Ziellinie für den Erfolg verpflanzt. Bekommt man gute Noten, muss man nun bessere Noten bekommen. (...) Hat man einen guten Job, braucht man nun einen besseren Job.«[53] Das Problem sei, dass die meisten denken, Erfolg mache sie glücklich.

Mit diesem Denken können wir Shawn Achor zufolge aber niemals glücklich werden. Denn das Gehirn funktioniere genau andersherum: »Wenn wir das Positivitätslevel einer Person erhöhen, dann kommt das Gehirn in einen Zustand, den wir den Glücksvorteil nennen. Das bedeutet, dass das Gehirn im positiven Zustand wesentlich bessere Leistungen liefert als im negativen, neutralen oder gestressten Zustand. Die Intelligenz erhöht sich, wie auch die Kreativität und das Energielevel.«[54]

---

51 https://www.ted.com/talks/shawn_achor_the_happy_secret_to_better_work, abgerufen am 28.8.2018
52 ebenda
53 ebenda
54 ebenda

Shawn Achor und seine Kollegen fanden sogar heraus, dass sich auf diese Weise jeder einzelne Geschäftsausgang verbessern lässt. Konkret sagt der Forscher: »Ihr Gehirn im positiven Zustand ist 31 Prozent produktiver als im negativen, neutralen oder gestressten Zustand. Sie sind 37 Prozent besser bei Verkäufen. Ärzte sind 19 Prozent schneller und treffsicherer darin, die richtige Diagnose zu geben.«

Die wissenschaftliche Erklärung dafür ist das Dopamin, das unser System im Positivzustand überflutet. Es hat zwei Funktionen: Es macht uns einerseits glücklicher und andererseits aktiviert es die Lernzentren im Gehirn.

! **Übungen**

Achor empfiehlt folgende Übungen, um positiver zu werden:[55]
- Schreiben Sie an 21 aufeinanderfolgenden Tagen täglich drei neue Dinge auf, für die sie dankbar sind. Am Ende dieser Zeit verbleibt im Gehirn ein Muster, nach dem es die Welt nicht zuerst nach Negativem, sondern nach Positivem abtastet.
- Führen Sie Tagebuch über ein positives Erlebnis, das Sie in den letzten 24 Stunden hatten. Das erlaubt Ihrem Gehirn, diese Situation neu zu erleben.
- Öffnen Sie Ihr E-Mail-Programm und schreiben Sie eine E-Mail des Lobs oder des Danks an jemanden aus Ihrem sozialen Umfeld.

Indem wir diese Übungen machen, können wir unser Gehirn trainieren, mehr Wellen der Positivität zu erzeugen.

Ich habe Herrn Böttcher im Rahmen eines Studienprojektes der Fachhochschule Flensburg kennengelernt und kann nur in den höchsten Tönen von ihm berichten. Die stets angenehme Zusammenarbeit war äußerst effektiv und lehrreich. Herr Böttcher zeigte sich zielstrebig, kommunikativ, kreativ, ehrlich und freundlich. Ganz besonders hervorzuheben ist der stetige Wille, die Unternehmung weiter voranzutreiben und auf diesem Wege immer ein wenig besser zu werden.

Nikolai Woderich, Student (Business Management, M. A.),
Fachhochschule Flensburg

---

55 ebenda

Die unglaubliche Energie neuer Möglichkeiten

Wenn ich mir etwas wünschen dürfte, so wünschte ich mir weder Reichtum noch Macht, sondern nur die Leidenschaft der Möglichkeit; ich wünschte nur ein Auge, das ewig jung, ewig von dem Verlangen brennt, die Möglichkeit zu sehen.

Søren Kierkegaard

Was ist der Unterschied zwischen Menschen, die vor Energie strotzen, und jenen, die tagein, tagaus derselben Routinetätigkeit nachgehen? Ich glaube, hier können wir viel aus dem Zitat des dänischen Philosophen Søren Kierkegaard lernen: Das »ewig junge Auge« brennt von dem Verlangen, das Mögliche zu sehen.

Wer immer wieder Möglichkeiten sieht, statt den Status quo zu akzeptieren, hat keine andere Wahl, als mit jugendlicher Energie zur Tat zu schreiten. Wir alle haben wohl schon einmal Momente erlebt, in denen die Energie nur so floss und wir das Gefühl hatten, alles schaffen zu können. Oft waren es herausfordernde Momente, aber solche, in denen wir eine Vision vor Augen hatten.

Als Führungskraft finde ich es besonders spannend, zu erleben, wie meine Mitarbeiter ihre Visionen verfolgen – und zu erleben, wie sie plötzlich vor Energie strotzen. Ich versuche, sie dabei so gut wie möglich zu unterstützen.

Vertrauen aufbauen

Vor ein paar Jahren arbeitete ich etwa mit einem freien Videojournalisten zusammen. Dieser schickte mir einen ersten Entwurf, der alles andere als gelungen war. Das wusste er auch selbst. Er fragte mich: »Willst du trotz des schlechten Ergebnisses weiter mit mir zusammenarbeiten?«

Das schlechte Video interessierte mich kaum, vielmehr interessierten mich die Möglichkeiten, die noch in dieser Zusammenarbeit steckten. Die Herangehensweise des Journalisten beim Dreh hatte mich überzeugt. Ich vereinbarte mit ihm einen neuen Termin, wir wechselten die Räumlichkeiten, die letztes Mal für Tonprobleme gesorgt hatten, und änderten ein paar andere Kleinigkeiten.

Das Ergebnis war dieses Mal hervorragend. Bis heute ist unsere Zusammenarbeit von dem Vertrauen geprägt, das sich in der damaligen potenziellen Konfliktsituation gebildet hat. Er weiß: Es dürfen auch einmal Dinge schiefgehen. Im Gegenzug weiß ich, dass er immer versucht, neue Möglichkeiten zu finden, die DanRevision besser und professioneller nach außen zu präsentieren – und dabei nicht gehemmt ist von der Angst, dass etwas schiefgehen könnte.

In solchen und anderen Situationen hilft es mir stets, mich an folgende Geschichte zu erinnern:

Eine Schuhfabrik sendet zwei Marketingexperten in eine Entwicklungsregion in Afrika, um Expansionsmöglichkeiten zu erforschen. Der eine schreibt zurück: »Situation aussichtslos: Die tragen hier keine Schuhe.« Der andere schreibt: »Fantastische Möglichkeiten! Sie haben noch gar keine Schuhe.«[56]

In dieser Geschichte aus dem bereits erwähnten Buch »The Art of Possibility« des amerikanischen Dirigenten Benjamin Zander und seiner Frau tun sich zwei Welten auf: Der erste Marketingexperte lebt in einer Welt, die die Zan-

---

56 Zander, Rosamund Stone. The Art of Possibility: Transforming Professional and Personal Life (S. 25-26). Penguin Publishing Group. Kindle-Version (frei übersetzt vom Autor).

ders die »Downward Spiral« (Abwärtsspirale) nennen. Zu schwer, zu mühselig, zu gefährlich, zu kompliziert – so lauten die Sätze in dieser Welt. Der andere Marketingexperte sieht die gleiche Lage, doch er zieht komplett andere Schlüsse. Er lebt in der »World of Possibilities« (Welt der Möglichkeiten).

Hierzu möchte ich Ihnen kurz erzählen, wie ich meinen Partner Mads (Name geändert) für die DanRevision gewonnen habe. Mads hat jahrelang die Deutschland-Dänemark-Steuerabteilung einer großen Wirtschaftsprüfungsgesellschaft in Deutschland geführt und wir kannten uns seit Jahren. Ich wusste, dass ich mich ins Zeug legen musste, um ihn als Partner zu gewinnen.

Das erste Angebot lautete: »Wir wollen dich. Hier ist ein Vertrag und du kannst deine Bezüge selbst eintragen.« Aber Mads sagte nein. Wir kämpften weiter und starteten einen weiteren Versuch, aber Mads blieb beim Nein. Ich dachte an die Geschichte der beiden Marketingexperten und beschloss, nicht aufzugeben, sondern nach neuen Möglichkeiten zu suchen. Schließlich bot ich Mads an: »Du bekommst deine eigene Firma und bestimmst alleine und wir reden dir nicht rein.« Dieses Angebot konnte er nicht ausschlagen.

Eine gute Vision

Eine Vision ist im Idealfall nicht nur etwas, was einem selbst nützt, sondern sie ist Teil von etwas Größerem. In dem Buch »Good Business« des Kreativitäts- und Flowforschers Mihaly Csikszentmihalyi werden Geschäftsführer interviewt, die von ihrem Umfeld als sehr erfolgreich und zugleich sehr ethisch handelnd, mit großem sozialem Verantwortungsgefühl beschrieben werden. Diese Leute definieren Erfolg als etwas, das anderen hilft und einen zur selben Zeit glücklich macht, während man daran arbeitet.

Csikszentmihalyi und seine Kollegen haben weltweit mehr als 8.000 Interviews geführt, um diesen Zustand zu ergründen. Er beschreibt den »Flow« so: »Es gibt diesen Fokus, der, wenn er erst intensiv wird, zu einem Gefühl der Ekstase, einem Gefühl der Klarheit führt, man weiß genau, was man von einem Moment zum nächsten tut, man bekommt unmittelbares Feedback. Man weiß, dass das, was man zu tun hat, auch getan werden kann, auch wenn es schwer sein mag, und das Zeitgefühl verschwindet, man vergisst sich selbst, man empfindet sich als Teil von etwas Größerem. Und sobald diese Voraussetzungen zutreffen, dann wird das Getane wert, für sich selbst getan zu werden.«[57]

Bevor Csikszentmihalyi den Begriff des »Flow« prägte, formulierte der Spieltheoretiker Hans Scheuerl in den 1950er Jahren bereits ähnliche Kriterien für das Wesen des Spiels[58], darunter unter anderem:

- Entrücktsein vom aktuellen Tagesgeschehen,
- das völlige Aufgehen in der momentanen Tätigkeit und
- das Verweilen in einem Zustand des glücklichen Unendlichkeitsgefühls.

Auch der Psychologe Siegbert A. Warwitz hat sich mit dem Phänomen des Flow auseinandergesetzt. Dabei kam er zu dem Ergebnis, das »Urbild des Menschen im Flow ist das spielende Kind, das sich im glückseligen Zustand des Bei-sich-Seins befindet.«[59]

Doch wie kommt man in diesen Zustand? Csikszentmihalyi zufolge erfordert das Eintreten des Flow-Gefühls:[60]

- klare Zielsetzungen
- eine volle Konzentration auf das Tun
- das Gefühl der Kontrolle der Tätigkeit
- den Einklang von Anforderung und Fähigkeit jenseits von Angst oder Langeweile in scheinbarer Mühelosigkeit

---

57 https://www.ted.com/talks/mihaly_csikszentmihalyi_on_flow/transcript#t-734601, abgerufen am 28.8.2018
58 Hans Scheuerl: Das Spiel. Untersuchungen über sein Wesen. 9. Auflage. Weinheim/ Basel 1979
59 Siegbert A. Warwitz: Das Phänomen des Flow-Erlebens. In: Ders.: Sinnsuche im Wagnis. Leben in wachsenden Ringen. 2., erw. Auflage. Baltmannsweiler 2016, S. 207–226.
60 Mihaly Csikszentmihalyi: Das Flow-Erlebnis – Jenseits von Angst und Langeweile: im Tun aufgehen. 1993, S. 69

Visionen gibt es auch für kleine Dinge

Visionen für neue Möglichkeiten müssen natürlich nicht immer weltbewegend sein. Manchmal lohnt es sich auch, im Kleinen nach neuen Blickwinkeln zu suchen. Dazu will ich Ihnen kurz die Geschichte von Bernd (Name geändert) erzählen. Bernd ist ein fantastischer Mitarbeiter mit Blitzen und Glänzen in den Augen, der wirklich seinen letzten Tropfen Blut für die Dan-Revision geben würde. Tag und Nacht ist er da, wenn man ihn braucht.

Er wollte in den Urlaub fahren – toll. Aber wie kann er mit seiner Frau in den Urlaub fahren, wenn er immer dieses verdammte Handy dabeihat und nur an die Arbeit denkt, überlegte ich. Ich sah die Möglichkeit, ihm mal eine Perspektive der ganz anderen Art aufzuzeigen.

Ich bat Bernd, sein Handy auf den Tisch zu legen, und kassierte es ein. Er hatte keine Ahnung, was das sollte. Meine Partner sprachen von Freiheitsberaubung und anderen schlimmen Dingen.

Heute lachen Bernd und ich darüber und er bedankt sich bei mir: »Das war das Beste, was du mir antun konntest.« Das Blitzen und Glänzen in den Augen hat er bis heute. Auch Bernd führt seit 2018 eine eigene Kanzlei in der DanRevision Gruppe.

Herr Böttcher ist ein Steuerberater, der aus dem üblichen Rahmen fällt. Er ist geradeheraus, sehr direkt, präzise und klar in seinen Vorstellungen. An einmal gemachte Zusagen hält er sich. Er denkt in anderen Bahnen, analysiert Stärken und Schwächen seiner Gesprächspartner in kurzer Zeit. Aus diesen Analysen gestaltet er Aufgabenfelder und schafft damit gedanklich neue Räume und vor allem Entwicklungsmöglichkeiten. Ausgetretene Pfade sind nicht seine Sache. Wenn man bereit ist, neue Wege zu gehen, eröffnen sich völlig neue Möglichkeiten. Es gibt kein ›Vielleicht‹ mehr, sondern nur ›Ja‹ oder ›Nein‹. Wenn man sich mit dieser speziellen Art von kooperativem Führungsstil identifizieren kann, eröffnen sich für einen persönlich völlig neue Perspektiven. Es ergeben sich Herausforderungen, an denen man wachsen kann, wenn man bereit ist, sich dieser Aufgabe gänzlich zu widmen. Freiräume werden nicht beschnitten, dafür gibt es aber klar definierte Ziele. Der Weg dahin ist der persönlichen Intuition und Gestaltungsfreiheit überlassen.

*Ich persönlich bin bisher immer gut mit seinem Führungsstil zurechtgekommen.
Dank ihm habe ich die Möglichkeit bekommen, mich persönlich und fachlich
weiterzuentwickeln. Ich freue mich auf die weitere konstruktive
und erfolgreiche Zusammenarbeit.*

Ein Mitarbeiter der DanRevision Gruppe

Übung   !

Fragen Sie sich:

- Wann denke ich in Abwärtsspiralen (zu teuer, nicht möglich, unrealistisch usw.), die verhindern, dass ich neue, inspirierende Möglichkeiten entdecke?
- Wie kann ich meine Mitarbeiter dabei unterstützen, Visionen zu entwickeln, die sie begeistern und in ihnen ungeahnte Kräfte hervorbringen?
- Bei welchen Tätigkeiten gelange ich in einen Flow?

*Mein Weg in die DanRevision: Als ich mit 19 Jahren gezwungen war, meinen
bisherigen Beruf als Pferdewirtin, Schwerpunkt Reiten, aus gesundheitlichen
Gründen, aufzugeben, wandte ich mich an Ralph Böttcher, in der Hoffnung,
dass er mir bei dem Start in eine mir völlig fremde Berufswelt helfen würde.
Wie ich es von ihm kannte, war er sofort bereit, mich zu unterstützen, und
stand mir zuverlässig zur Seite, wodurch er mir den Einstieg in die Ausbildung
zur Steuerfachangestellten erheblich erleichterte.*

*Wenn mich heute jemand fragt, wie mir mein neuer Beruf gefällt, ist das Erste,
was mir dazu einfällt, dass nichts so ist, wie es scheint. Ich dachte früher selber
immer, dass es ein eintöniger und dadurch langweiliger Beruf, mit einem
ziemlich kühlen und angespannten Betriebsklima ist.*

*Doch schnell merkte ich, dass der Beruf durch die vielen Neuerungen, die
vielen verschiedenen und interessanten Menschen, mit denen man zusammen-
arbeitet, unglaublich interessant ist und man ständig vor neue Herausforderungen gestellt wird. Diese sind grundsätzlich zu bewältigen, auch wenn man
mal nicht weiterweiß, kann man sich immer auf die anderen Partner
in der DanRevision verlassen, die einem mit Rat und Tat zur Seite stehen.
Ich arbeite im täglichen Berufsleben nicht mit Ralph zusammen, aber ich weiß,
dass ich trotzdem jederzeit mit Fragen zu ihm kommen kann und ich mich
100 Prozent auf seine zuverlässige Unterstützung verlassen kann.*

Auch das Betriebsklima ist alles andere als kühl. Es ist eher freundschaftlich und familiär, was sicherlich auch dadurch kommt, dass sich generell alle mit dem ›Du‹ ansprechen, was eine unheimliche Vertrautheit und Nähe schafft. Rückblickend bin ich für alles dankbar, was passiert ist, und denke, dass ich den richtigen Weg eingeschlagen habe – den Weg mit der DanRevision!

Eine Steuerfachangestellte der DanRevision

»Wie kann ich helfen?« – Gute Beziehungen zu den Mitarbeitern schaffen

»Wenn du mal Partner werden willst, musst du alles wahrnehmen und sehen und nicht immer an den Papierschnipseln vorbeigehen.« So sprach mein ehemaliger Partner zu mir, kurz bevor wir die DanRevision gründeten. Aufmerksam gegenüber kleinen Dingen zu sein und die Umgebung bewusst wahrzunehmen, ist heute – auch nach mehr als 20 Jahren – weiter ein wichtiger Bestandteil meiner Führungsphilosophie.

Dabei geht es nicht nur um positive Dinge, über die ich schon in einem vorherigen Kapitel geschrieben habe. Es gibt ja auch die Situation, dass man morgens in die Firma kommt und spürt: Da stimmt was nicht. Dann frage ich mich:

- Was ist los?
- Was stimmt nicht?
- Wie kann ich helfen?

Es kann schließlich viel los sein im Leben: Die private Partnerschaft ist in Bewegung, ein Trauerfall daheim, ein krankes Kind. Mir persönlich hat mein Mentor Jens Uwe Hansen sehr geholfen, als mein Vater gestorben ist. Er war jederzeit für mich da und hat alles stehen und liegen lassen, um mir zu helfen. Das versuche ich täglich weiterzugeben.

Vielerorts trifft man Chefs, die von Mitarbeitern in erster Linie erwarten, dass sie bei der Arbeit funktionieren. Ich allerdings bin der Meinung, dass ich für meine Mitarbeiter als ganzer Mensch verantwortlich bin. Wenn ich merke, dass etwas verkehrt ist, sehe ich das nicht nur als ihr Problem, sondern auch als meine Herausforderung, sie bestmöglich zu unterstützen.

Ich habe ein sehr feines Gespür dafür, wie sich die Menschen in meiner Umgebung fühlen. Wenn ich merke, dass etwas nicht stimmt, frage ich Mitarbeiter, ob sie meine Hilfe brauchen, und ich sage ihnen, dass sie immer kommen dürfen, wenn sie über etwas sprechen wollen. Manche wollen natürlich lieber allein gelassen werden, während andere die Hilfe dankend annehmen.

Beziehungen stärken statt Angst verbreiten

Stellen Sie sich vor, ich würde einfach sagen: »Herr XY, Ihre Leistung ist in den letzten Tagen nicht zufriedenstellend gewesen, das muss besser werden.« Damit habe ich jede Beziehung zu ihm abgebrochen. Ich frage nicht, warum dem so ist und ob ich behilflich sein kann, sondern mache ihm Angst.

Doch nicht nur das: Ich verliere auch meine Möglichkeiten, die Situation zum Besseren zu wenden, aus ihr zu lernen (vielleicht ist der Mitarbeiter auch überarbeitet) und unsere Beziehung zu stärken. Ich stelle mich als Opfer dar, dessen Mitarbeiter nicht arbeitet, wie er soll.

Stattdessen sage ich mir: Ich bin verantwortlich für alles, was in meinem Leben geschieht. Wenn es einem Mitarbeiter nicht gut geht, kann ich das nicht einfach ignorieren oder ihn verwarnen. Es ist meine Aufgabe, ihm so gut wie möglich zu helfen und seine Gründe zu verstehen. Die Beziehung zu den Mitarbeitern steht für mich immer an erster Stelle, erst dann folgt das Fachliche.

Die Geschichte von Friedrich

Dazu möchte ich Ihnen kurz die Geschichte von Friedrich (Name geändert) erzählen. Friedrich und ich hatten uns eigentlich immer wieder in der Wolle, aber früh merkte ich, dass ich durch unsere Konflikte immer auch viel lernte. Doch dann kam Friedrich eines Tages einfach nicht zur Arbeit, weil er sich richtig über mich geärgert hatte (ob zu Recht, weiß ich nicht mehr).

Als Chef muss ich eigentlich reagieren und mindestens eine Abmahnung aussprechen. Doch bevor ich das tat, besprach ich mich mit einer langjährigen Mitarbeiterin. Wir entwickelten folgende Strategie: Ich werde mich an dem Tag nicht – wie sonst üblich –zum Feierabend verabschieden, ich werde stattdessen einfach gehen. Die offizielle Version lautete: Ich habe gar nicht mitbekommen, dass Friedrich gefehlt hat.

Als Friedrich am nächsten Tag wieder zur Arbeit kam, war er erstaunt, dass ich seine Abwesenheit wohl nicht mitbekommen hatte. Doch er glaubte die Geschichte und Friedrich und ich konnten unsere Beziehung wieder in die richtigen Bahnen lenken. Ich wusste damals, dass ich Friedrich mit einer Abmahnung eventuell zur Kündigung bewegt hätte, doch ich wollte ihn – trotz aller Konflikte – gerne bei mir behalten.

Heute weiß Friedrich, was damals wirklich geschehen ist, doch heute lachen Friedrich und ich darüber und sind beide dankbar, dass uns der Streit damals nicht getrennt hat. Bis heute möchte ihn nicht missen, in keiner Situation.

»Nimm dich selbst nicht so wichtig«

Ein Merkspruch, der mir in solchen Situationen hilft, ist: »Nimm dich selbst nicht so unglaublich wichtig.« Es ist oft sehr erleichternd, wenn man das Leben nicht so bierernst nimmt. Um mich daran zu erinnern, habe ich immer eine rote Schaumgumminase in der Schreibtischschublade, also eine Clownsnase.

Auch wenn wir einmal die Nacht durcharbeiten müssen, wollen wir Spaß haben und miteinander lachen. Klar gibt es Zeitdruck, wir wollen es gut miteinander haben. Und es gibt Wichtigeres als den Umsatz. Auch daran soll mich die rote Nase erinnern. Die rote Nase kommt auch mal in Mandantengesprächen zum Einsatz und hat dem Wachstum der Gruppe nicht geschadet.

Zu diesem Thema möchte ich Ihnen noch diese wunderbare Geschichte mit auf den Weg geben, die in zahlreichen Quellen zitiert wird:

Zwei Regierungschefs diskutieren wichtige Staatsangelegenheiten. Plötzlich kommt ein aufgeregter Mann zur Tür herein und sorgt für Unruhe. Der gastgebende Regierungschef sagt: »Peter, erinnere dich bitte an Regel Nummer sechs.« Peter besinnt sich, entschuldigt sich und verlässt den Raum.
Kurze Zeit später wiederholt sich die Szene, diesmal mit einer jungen Frau, die das Meeting stört. Wieder sagt der Regierungschef: »Marie, erinnere dich bitte an Regel Nummer sechs.« Auch Marie entschuldigt sich sofort und verlässt das Zimmer.
Als die beiden wieder alleine sind, sagt der zweite Regierungschef: »Ich habe in meinem Leben viele Dinge gesehen, aber so etwas habe ich noch nie erlebt. Verraten Sie mir bitte das Geheimnis hinter Regel Nummer sechs.« Der gastgebende Regierungschef antwortet: »Es ist ganz einfach, Regel Nummer sechs besagt: »Nimm dich selbst nicht so verdammt wichtig.« Nach einem Moment des Nachdenkens antwortet der Gast: »Und wie, wenn ich fragen darf, lauten die anderen Regeln?«
»Die gibt es nicht.« [61]
(Frei übersetzt vom Autor.)

---

61 https://www.huffingtonpost.com/hans-hickler/rule-6_b_6166638.html, abgerufen am 28.8.2018

> **!** **Übung**
>
> Üben Sie sich darin, Verantwortung zu übernehmen für alles, was in Ihrem Umfeld geschieht, und sich zu fragen: Wie kann ich helfen? Was kann ich tun?
> Beobachten Sie, ob Sie sich als Opfer äußerer Umstände wahrnehmen oder ob Sie aktiv daran arbeiten, diese zu verbessern.
> Üben Sie sich darin, »Regel Nummer 6« zu beachten. Erzählen Sie Ihren Kollegen davon.

Ralph Böttcher ist ein dynamischer Kollege mit großer Fachkompetenz und einer positiven Ungeduld. Unsere Berührungspunkte der Zusammenarbeit sind offen und korrekt. Kurzum, ein sympathischer Kollege, der Hilfsbereitschaft nicht nur als Wort kennt.

Uwe Wiesinger, Steuerberater in Darmstadt

Ich habe Herrn Böttcher als eine Person kennengelernt, die die Liebe für das, was sie tut, nach außen trägt. Unsere Begegnungen waren immer erfrischend und inspirierend für mich. Ich freue mich auf unser nächstes Treffen.

Thomas Rößler, Steuerberater Rechtsanwalt,
Rößler Steuern Wirtschaft Recht

Die Danmark-Methode auf dem Prüfstand

Am 26. November 2013 um 15.05 Uhr kamen meine Partner Karsten Hartmann, Bernd Forst und Thomas Möller (alle Namen geändert) gemeinsam in mein Zimmer und schlossen langsam die Tür.

Thomas Möller ist mein Gründungspartner und gemeinsam mit Jens Uwe Hansen haben wir die Gruppe bis zu seinem Ausscheiden weiterentwickelt. Als ich am 15.03.1997 begann, hatten wir 400.000 Euro Umsatz. Am 31.12.2015 waren es 5,5 Mio. Euro mit allen Kooperationspartnern in der Gruppe.

Thomas ist einfach klasse im Umgang mit den dänischen Mandanten und liebt die fachliche Arbeit. Er fühlt sich dänisch, ich denke auch durch die Heirat seiner dänischen Frau Birgitte.

Karsten Hartmann ist fachlich sehr gut und hat sich in den Jahren der Tätigkeit mit der dänischen Mentalität angefreundet. Durch seine positive Art kommt er gut mit den dänischen Mandanten klar.

Bernd Forst als dritter Partner ist die typisch deutsche Komponente von uns und hat sich ganz dem Management verschrieben. Die Umsetzung von Projekten gehört zu seinen Stärken. Beworben hatte er sich seinerzeit auf einen Praktikumsplatz, den die Gruppe in der Zeitschrift Deutsches Steuerrecht (DStR) ausgeschrieben hatte. Mit der Steuerberaterprüfung wurde er dann direkt gleichberechtigter Partner.

»Hast du einen Moment?«, fragte Thomas Möller also um 15.05 Uhr.

Zwischen Überraschung und Enttäuschung

Eigentlich passte es mir nicht; ich bin sehr effizient organisiert und nur sehr wichtige Dinge dürfen dazwischenkommen – aber nun gut, wenn alle Partner da sind, scheint es wichtig zu sein, dachte ich.

Es sprach nur Thomas: »Wir möchten nicht mehr mit dir zusammenarbeiten. Wir klagen dich raus oder trennen das Unternehmen: Realteilung. Du erhältst noch Post von unserem Rechtsanwalt.«

Obwohl wir in der Vergangenheit über verschiedene Sachverhalte unterschiedliche Meinungen gehabt hatten, kam die Entscheidung für mich völlig unerwartet.

Trotz meiner Überraschung lautete meine Antwort lediglich: »O. k.«

Natürlich ist die Danmark-Methode auch unter Partnern anwendbar. Mit dieser Antwort wollte ich zunächst trotz Überraschung und Enttäuschung meine Wertschätzung für meine drei Partner ausdrücken, in dem ich ihnen nicht widersprach und ihre Entscheidung akzeptierte. Außerdem wollte ich einen unreflektierten Konflikt vermeiden und mir zunächst etwas Zeit nehmen, um über die Situation nachzudenken.

Meine Partner standen noch ein wenig da (gefühlte zwei bis drei Minuten), als erwarteten sie etwas von mir.

Zu meinen Gefühlen: Ich war überrascht und der Dienstagabend gehörte bis 3.00 Uhr in der Nacht meinen Gedanken über das Geschehene. Mit der Entscheidung meiner Partner hatte ich überhaupt nicht gerechnet. Eingeschlafen bin ich aber normal und hatte keinen Moment Angst, was ich im Nachhinein als sehr besonders empfinde.

Ein Unternehmer aus Österreich sagte einmal:
1. Scheiß di net an.
2. Sei net blöd.
3. Tu nur Dinge, die dir Spaß machen.

Also Nr. 1 hatte ich schon einmal erfüllt: Ich hatte keine Angst.

Ich begann, die Alternativen durchzuarbeiten: Das Angebot besagte: Nimm 1,6 Millionen Euro oder wir trennen das Unternehmen.

Noch in der Nacht begann ich zu rechnen, was 1,6 Millionen Euro für mich bedeuten. Am Morgen fragte ich meine Frau Britta: »Du, Bibo (ihr Kosename), ich kann aufhören zu arbeiten; wirtschaftlich geht das. Möchtest du, dass ich aufhöre?«

Sofort kam die Antwort: »Du hast wohl einen Knall – niemals!« (Ob ich mir wohl Gedanken machen muss?)

Doch mit der eindeutigen Antwort war das Thema vom Tisch und es ging an die Unternehmensteilung. An den folgenden zwei Tagen geschah dann etwas, das zu den schönsten Erlebnissen meines unternehmerischen Lebens gehört.

Man kann Menschen nicht kaufen, man muss sie gewinnen

Nachdem meine ehemaligen Partner mein Büro verlassen hatten, erhielt ich eine E-Mail, in der sie die Mitarbeiter informierten. Leider ohne Rücksprache mit mir und auch ohne meine Zustimmung.

In der Mail riefen sie für den nächsten Tag eine Mitarbeiterversammlung ein – zu einer Uhrzeit, zu der ich »rein zufällig« einen Mandantentermin außer Haus hatte.

So musste ich jeden Mitarbeiter persönlich ansprechen: Ich schrieb eine Mail an jeden einzelnen Mitarbeiter und fragte: Interessiert dich meine Wahrnehmung der Vorfälle?

Oftmals kam ein »ja«, woraufhin ich meine Sicht der Dinge erzählt habe. Kam ein »nein«, habe ich das Gespräch umgehend nett und freundlich beendet.

Allen, die mit »ja« geantwortet haben, erzählte ich, dass ich weitermachen würde, und fragte sie, ob sie für mich tätig sein wollten. Ich wollte nur mit Menschen zusammenarbeiten, die das auch mit ganzem Herzen wollten. Generell bin ich davon überzeugt, dass man Menschen gewinnen muss und nicht kaufen kann, um das Beste von ihnen zu erhalten.

Mit so viel Zuspruch hatte ich nicht gerechnet

Viele Mitarbeiter erklärten, dass sie gerne mit mir weiterarbeiten wollten. Ich bekomme immer noch eine Gänsehaut, wenn ich daran denke, wie ich alle diese Gespräche führte und einer nach dem anderen mir zusagte, gerne in meiner Firma weiterarbeiten zu wollen – auch viele, von denen ich es gar nicht unbedingt erwartet hätte.

Das wohl bewegendste Gespräch führte ich mit Martina, der bereits erwähnten Mitarbeiterin aus dem Rechnungswesen. Sie machte gerade Urlaub in Bayern am Chiemsee. Ich führte das Gespräch, während ich meine Tochter aus Flensburg in ihre dänische Schule fuhr.

Meine Tochter sagte im Anschluss: »Papa, du machst das gut, bleib bei deinem Traum; ich unterstütze dich.« Sie war damals gerade 16 geworden. Hier bekam ich das erste Mal feuchte Augen.

Natürlich suchten nicht alle Mitarbeiter das Gespräch mit mir, aber am Ende erzählte ich meine Version der Geschichte 38 Mal innerhalb weniger Tage (unsere Personalliste umfasste insgesamt 48 Personen). Manche entschieden sich sofort, andere riefen mich nach einer Bedenkzeit an. Egal, wie sie sich entschieden haben, ich empfinde immer noch eine große Wertschätzung für alle meine ehemaligen Mitarbeiter.

In den kommenden Tagen riefen mich immer wieder Mitarbeiter an und einer schickte mir sogar einen Brief, den ich hier zitieren will:

Ralph,
du hast an mich geglaubt, als mich keiner mehr wollte – jetzt bekommst du alles
zurück und ich baue mit dir das neue Unternehmen auf.
Ich bin dabei.

Nun war es Zeit für Rat Nr. 2: Sei net blöd.

Am 08.01.2014 war der Tag, an dem die Mitarbeiter offiziell wählen sollten, in welcher Firma sie weitermachen wollten. Vor einem externen Rechtsanwalt durften um 17.45 Uhr dann alle wählen.

Um 17.55 Uhr war mir die offizielle Entscheidung aller Mitarbeiter bekannt und ich war überwältigt, wie viele sich für mich entschieden hatten. Ich lud alle in ein Restaurant ein und habe erst einmal eineinhalb Stunden erzählt. Bis kurz nach elf saßen wir dort.

Noch am selben Abend schrieb ich folgende Mail an meine Mitarbeiter. Die Zeilen »Die glücklichsten Mitarbeiter für das glücklichste Volk der Welt« sollten später einmal so etwas wie das Mantra unserer Firma werden und auch ins Kanzleimanifest Einzug halten (siehe Teil 3 dieses Buches).

Betreff: Morgen früh
»Die glücklichsten Mitarbeiter für das glücklichste Volk der Welt«
Guten Morgen,
Danke für den tollen Abend gestern.
(...)
Was liegt heute an?
- *Bitte lest zum Start noch einmal Mantra und Philosophie heute Morgen: 100 % erwarte ich von jedem und mir auch (nicht mehr 85 %)*
- *Kein böses Wort und keine bösen Gedanken an meine ehemaligen Partner und die Mitarbeiter meiner Partner*
- *Helft, wo es geht*
- *Mitarbeiterhandbuch folgt ebenso wie das Praxishandbuch (möchte ich heute erst besprechen)*
- *Helft mir, den geilsten Arbeitsplatz der ganzen Welt zu bauen*
- *Personalgespräche mit allen, wichtigste Frage: Träumt mal, was ihr erreichen wollt, und lasst mich das gerne wissen (da gehen wir dann gemeinsam hin)*
(...)
Telefonate mit allen unseren Mandanten und besucht sie sehr gerne alle bis Ende nächster Woche

Bin um 9.30 Uhr da
Mobil 0171 21 437 xx (ihr dürft mich immer anrufen)
(...)
Mit freundlichen Grüßen
Med venlig hilsen
Ralph Böttcher
Steuerberater/Dipl. Betriebswirt

»Schlaf dich aus und hab keine Panik!«

Wie ging es weiter? Am 09.01.2014 folgten dann ab 9.45 Uhr Personalgespräche mit meiner neueren Mannschaft, für die ich nun der Trainer sein durfte. Es folgten 1.000 Dinge, die erledigt werden mussten, wie Bankgespräche, Materialbestellungen und so weiter.

Nach zwei Tagen sagten meine Kollegen: Fahr in den Urlaub, du siehst aus, als wenn du bald umfällst. Mach das Handy aus und lass das Tablet zu Hause. Schlaf dich aus und hab keine Panik!

Also bin ich am 11.01.2014 mit meinen besten Freunden Johann und Winfried zum Skifahren gefahren. Eine Woche ohne Kommunikation mit der Arbeit. Die ersten drei Tage habe ich je elf Stunden geschlafen und war immer der Letzte am Frühstückstisch. Den ganzen Tag fuhren wir Ski und die beiden durften sich immer wieder die gleiche Geschichte anhören.

Wollen die mich überhaupt wirklich?

Am Mittwoch, den 15.01.2014 habe ich mich wahnsinnig nach meiner Frau und meinen Kindern gesehnt. Und ich habe mich ebenfalls nach meiner Mannschaft gesehnt.

So richtig mit Gänsehaut, als sei ich frisch verliebt.

Ich bin besonders meiner Frau Britta und meinen beiden Töchtern unendlich dankbar, dass sie mir in dieser Zeit alle häuslichen Pflichten abgenommen haben. Meine Frau hat alles organisiert, nichts gesagt und nicht gemurrt und einfach alles geregelt. Ich habe wirklich nichts mitbekommen in der Zeit.

Dann kam ich nach einer Woche wieder zurück. Viele Fragen schossen mir durch den Kopf: Sind noch alle Mitspieler da? Wollen die mich überhaupt wirklich?

Die Antworten lauteten: Ja, alle waren noch da. Und ja, sie wollten mich weiter als Chef haben. Offenbar hatte die Danmark-Methode, meine Art zu führen, sie in der Vergangenheit überzeugt. Die kommenden Jahre sollten im Zeichen guter Beziehungen, von viel Vertrauen und Potenzialentfaltung stehen.

Wir waren bereit, ein neues Kapitel der DanRevision aufzuschlagen.

Ein glücklicher Chef der DanRevision[62]

... er gibt nie auf, wenn er eine Idee im Kopf hat, die es zu realisieren gilt, und hat immer Lösungsvorschläge parat, die er dann auch zeitnah in die Tat umsetzt.

Ein ehemaliger Mandant der DanRevision Gruppe

---

62 © Reinhard Witt, www.fotografie-nf.de

Wie wir uns sehen

Ich bin überzeugt, dass es sehr hilfreich ist, einmal schriftlich festzuhalten, wie man sich das Miteinander in der Firma vorstellt. Wir haben das bei der DanRevision in Form eines Leitbildes und eines Kanzleimanifestes getan. Ich lade Sie herzlich ein, sich von diesen Texten inspirieren zu lassen und Teile daraus für Ihr eigenes Unternehmen zu verwenden.

Im Leitbild der DanRevision Gruppe heißt es unter anderem:

Auszug aus dem Leitbild der DanRevision Gruppe (vollständiges Leitbild siehe Anhang)   **!**

Menschen spielen in unserem Leben die größte Rolle und stehen daher auch im Arbeitsleben im Mittelpunkt unseres Interesses. (…) Unsere Einstellung »wir helfen Ihnen« ist das Fundament jeder Mandantenbeziehung. (…) Ein ehrliches und faires Verhalten ist bei uns die Grundlage aller Geschäfte. (…) Unser gemeinsamer Erfolg hängt von Menschen ab. Daher suchen wir Menschen mit dem »Blitzen in den Augen«, mit besonderen Lebensläufen und Erfahrungen. Wir wollen Spaß bei der Arbeit haben – denn nur wer etwas mit Freude macht, kann auch viel bewegen – ganz nach skandinavischer Art.

Der Auszug aus unserem Leitbild, den Sie eben gelesen haben, ist so etwas wie die Quintessenz der Danmark-Methode. Etwas ausführlicher werden wir im Kanzleimanifest, das ich Ihnen hier in voller Länge zeigen möchte. Es legt noch einmal ausführlich dar, wie die Danmark-Methode im Alltag umgesetzt werden kann.

Kanzleimanifest der DanRevision Gruppe   **!**

Philosophie der DanRevision

I. Der Mensch
Menschen spielen in unserem Leben die größte Rolle und stehen daher auch im Arbeitsleben im Mittelpunkt unseres Interesses.
Wir begegnen uns mit Freundlichkeit, Respekt, Höflichkeit und einer positiven Grundstimmung, immer in dem Bestreben, dass es dem anderen gut geht.

Jeder soll aus einer Begegnung mit uns einen Nutzen haben und wir wollen alles dafür tun, dass man positiv über uns als Menschen redet. Es bedeutet aber nicht, dass wir nicht auch mal etwas sagen oder tun, was anderen missfällt.

Wir wollen immer daran denken, dass es Menschen in unserem Leben gibt, die uns wichtig sind. Für diese Menschen muss in besonderen Situationen auch die Arbeit zurückstehen.

II. Die Teamplayer in unserer Gruppe und der Umgang untereinander

Jeder einzelne Teamplayer ist ein wichtiger Baustein in der Gruppe. Wir sind ein Team! Das Erreichen gemeinsamer Ziele geht vor interner Konkurrenz. Wir gewinnen – aber wir verlieren auch gemeinsam.

Wir erwarten von unseren Teamplayern, dass sie sich mit der DanRevision identifizieren können. Als Orientierung kann die folgende Aufzählung dienen:

Bitte fange keinesfalls bei uns zu arbeiten an, wenn ...

- du darauf wartest, von uns motiviert zu werden,
- du nicht lächeln und lachen kannst,
- du anderen Menschen nicht sehr, sehr gern hilfst,
- du nicht täglich sehr höflich zu deinen Mandanten und Teamkollegen bist,
- du nicht mit (vereinbarten) Zielen arbeiten willst,
- du andere gern polemisch und persönlich kritisierst,
- du gern Gerüchte verbreitest,
- du extrem neidisch bist oder gern zum Nachteil anderer taktierst,
- du nicht gern im Team arbeitest,
- du nicht laufend dazulernen willst.

Wir haben eine »skandinavisch geprägte« Art, miteinander umzugehen. Das bedeutet unter anderem eine flache Hierarchie und innerhalb der Gruppe das »respektvolle Du«. Wir haben immer ein offenes Ohr füreinander und sind uns unserer sozialen Verantwortung bewusst.

Wo Menschen arbeiten, geschehen Fehler. Wir analysieren unsere Fehler und arbeiten an Optimierung. Kritik und Kritikfähigkeit sollen zur positiven Weiterentwicklung aller in der Gruppe Tätigen beitragen.

Die fachliche, unternehmerische und persönliche Fortbildung ist uns wichtig.

Wir wollen den offenen Meinungsaustausch. Der offene und ehrliche Umgang miteinander ist bei uns selbstverständlich. Wir haben großes Vertrauen zueinander und geben jedem die Möglichkeit, eigenverantwortlich und selbstständig zu wirken sowie sich nach seinen Wünschen zu entwickeln.

Es ist unser Ziel, gemeinsam den »Traum« jedes Einzelnen zu erkunden und alles daran zu setzen, dass dieser Realität wird. Alle Teamplayer pflegen selbstständig den Kontakt zu Mandanten und Dritten. Weder über unsere Mandanten noch über unsere Mitwettbewerber oder andere Geschäftspartner wollen wir negativ reden.

Wir erwarten, dass sich alle Teamplayer mit dem Unternehmen auseinandersetzen und Verbesserungsvorschläge zu Organisation und Arbeitsabläufen vorbringen.

III. Mandanten

Unsere Einstellung »wir helfen Ihnen« ist das Fundament jeder Mandantenbeziehung.

Unser Mandant ist ein Mensch, der mit Wünschen und Fragen zu uns kommt. Es ist unsere Herausforderung, diese zu erforschen und – soweit es in unserer Macht steht – zu erfüllen.

Unser Mandant ist nicht abhängig von uns. Vielmehr hängt unser wirtschaftlicher Erfolg von dessen Begeisterung über uns ab. Unser Mandant hilft uns, wenn er eine Beschwerde oder Kritik vorbringt. Daher nehmen wir solche Anregungen auf, »kehren sie nicht unter den Teppich« und arbeiten an der Optimierung der Arbeitsprozesse.

Unser Mandant ist jemand, dessen Sympathie wir gewinnen wollen. Er hat immer Anspruch auf zuvorkommende Behandlung. Die Zufriedenheit des Mandanten steht immer an erster Stelle! Wir erwarten von unseren Mandanten aber auch die Honorierung unserer Leistung.

IV. Erfolg

Wir wollen den Erfolg! Das Erfolgsstreben der DanRevision endet jedoch spätestens an ethischen und gesetzlichen Grenzen. Wir sind ein Wirtschaftsunternehmen und wollen und müssen als solches kaufmännisch denken. Es ist nicht unser Ziel, Mandate über den Preis zu gewinnen, ebenso betreuen wir nicht jede Branche.

Wir wollen Spaß bei der Arbeit haben. Nur wer etwas mit Freude macht, kann auch viel bewegen.

Die DanRevision wird sich weiter entwickeln und wachsen.

Wir wollen und unterstützen die Expansion.

V. Zusammenarbeit mit Kooperations- und Geschäftspartnern

Wir erwarten von unseren Kooperations- und Geschäftspartnern und von uns die termingerechte Erledigung der Aufträge und eine qualifizierte Leistung bei einem angemessenen Preis-Leistungs-Verhältnis.

Wir bieten dafür eine faire Partnerschaft und korrekte Vertragsabwicklung.

Wir sind immer zu 100 % ehrlich. Wir unterstützen weder Schwarzarbeit noch Geldwäsche. Dies gilt sowohl im beruflichen als auch im privaten Bereich.

VI. Unsere Leistungen

Wir betreuen unsere Mandanten in allen steuerlichen und wirtschaftlichen Bereichen. Die Gruppe verfügt über viele einzelne Experten der verschiedensten Gebiete. Diese wollen wir gruppenübergreifend nutzen. Darüber hinaus nutzen wir unser Netzwerk von externen Experten. Das betrifft sowohl die fachliche und auch menschliche Kompetenz als auch im Besonderen die Chemie zwischen den Menschen. Qualitative Höchstleistung ist für uns eine Selbstverständlichkeit. Hierzu zählt die fachliche Qualität ebenso wie die Qualität unseres Services, die Transparenz bei der Honorarberechnung sowie die Geschwindigkeit bei der Bearbeitung der an uns gerichteten Aufträge und Anfragen.

VII. Service
Wir sind besonders serviceorientiert und kümmern uns mit außerordentlichem Einsatz um jeden Mandanten. Im Bereich Service gehören wir zu den Besten in Deutschland und heben uns aus der Masse deutlich hervor (»Servicewüste Deutschland«).
Bei uns ist das Erstgespräch immer gratis, aber niemals umsonst. Wir wollen, dass jeder einen Nutzen aus dem ersten Gespräch mit uns hat, selbst wenn er nicht Mandant wird.
Bei Anfragen melden wir uns immer innerhalb eines Werktages zurück.
Wer unsere Räume betritt, soll es gern als »hyggelig«, also angenehm und gemütlich, empfinden. Es soll sein wie ein Besuch bei Freunden, der bei dem Besucher in guter Erinnerung bleibt.
Wir beraten unsere Mandanten in ihrer Muttersprache. Wir sprechen auch kein »Fachchinesisch«. Wir verstehen uns als »Übersetzer« der komplexen Beratungsfelder für unsere Mandanten. Am liebsten sprechen wir in Beispielen und Bildern.
Gern vereinbaren wir ein Fixhonorar, transparent und frei von unangenehmen Überraschungen.
Sollte der Mandant mit unserer Leistung nicht zufrieden sein, berechnen wir kein Honorar (Zufriedenheitsgarantie).

VIII. Erreichen unserer Ziele
Zur Wiedererkennung auf dem nationalen und internationalen Markt dient unser Logo, das in der Hauptform stets verwendet wird. Wir erweitern unser Netzwerk in Form von neuen Kommunikationsmitteln im Internet, durch Mitgliedschaften und aktive Teilnahme in Vereinen und Verbänden sowie durch Vorträge sowohl im eigenen Hause als auch als Gastreferenten. Netzwerkerweiterung wird von allen Partnern und Teamplayern, jeder nach seinen Stärken, betrieben. Dies dabei immer mit dänischem Bezug und unserer Positionierung.
Wir erwarten, dass sich alle Teamplayer mit dem Unternehmen auseinandersetzen und gern Verbesserungsvorschläge zu Organisation und Arbeitsabläufen vorbringen. Wir sind uns bewusst, dass das Erreichen unserer Ziele maßgeblich von unseren Teamplayern abhängt. Daher suchen wir Menschen mit dem »Blitzen in den Augen«, besonderen Lebensläufen und Erfahrungen. In den Gesprächen soll man dieses »Blitzen in den Augen« spüren können.

IX. Wir sind anders

Die Betreuung der ausländischen Mandanten in der DanRevision hat ihren Ursprung bei skandinavischen (dänischen) Mandanten. Die Skandinavier sind in der Regel Menschen mit einer positiven Grundeinstellung, die ein Gespräch nicht nur zur Lösung der fachlichen Probleme führen. Gespräche sind wichtig. Oft sind Gespräche über persönliche Dinge viel wichtiger als gerade das steuerliche bzw. rechtliche Problem. Wir unterhalten uns gern mit unseren Mandanten und haben ein offenes Ohr für deren Träume und Sorgen.

Wir hinterfragen, was Mandanten am liebsten wollen, und berücksichtigen diese Wünsche in unserer Beratung. Wir präsentieren Lösungen und suchen nicht nach den Problemen. Es ist unsere Herausforderung, die deutsche Bürokratie für unsere ausländischen Mandanten verständlich und lösbar zu machen.

Wir wollen uns gegenseitig unterstützen und dazu anhalten, unsere gemeinsame Philosophie und das daraus resultierende Leitbild zu leben. Wir wollen gern mit den Menschen zusammenarbeiten, die diese Philosophie unterstützen und leben.

X. Mitarbeiter

Wir bauen ein unfassbar geiles Team auf. »Holt euch die Verrückten, die Strukturierten, die Zuverlässigen, die Chaoten, die Profis, die Generalisten und die, die Karriere machen wollen«, sagte mal ein Unternehmer. Wir glauben, wir haben schon jetzt von jedem etwas dabei, und wir freuen uns, wenn auch andere Lust haben, in so einer Mannschaft mitzuspielen. Und wir sind sehr stolz auf unsere Mannschaft. Und wer der Meinung ist, da will ich mitspielen, lernt uns einfach kennen.

Was sind exzellente Mitarbeiter? Gemäß unserer ABC-Personal-Strategie gibt es 3 Typen von Mitarbeitern:

- Der A-Mitarbeiter zieht den Karren,
- B und C dürfen bei uns nicht mitspielen.

Ralph Böttcher (...) ist Steuerberater, ja, aber seine Zeit nutzt er, um für die Firmengruppe neues, und zwar das richtige Personal zu finden. Wie er das macht? »Wenn Du nicht lächeln kannst, dann gehörst Du nicht zu uns!« Und wenn das noch nicht zieht, dann muss auch schon mal ein Boy mit Sixpack herhalten, der dann fragt »... how was our tax last night?«. Spätestens jetzt wird klar, dass hier nicht nur Formulare, nackte Zahlen und pures Steuerrecht zählen. Der Mensch macht's. Er steht im Mittelpunkt. Auch in der Steuer- und Wirtschaftsberatung.

Azubis, Mitarbeiter und Führungskräfte sucht jede Steuerberaterkanzlei. Am erfolgreichsten dabei dürfte die DanRevision sein, die mit ihrem

Department Ralph Böttcher – dem Menschenfischer zwischen den Meeren – mit Kandidaten auch schon mal spontan ein Bewerbungstreffen im Café am Flughafen Fuhlsbüttel noch zu platzieren weiß und den Kontakt aufrechterhält. In der grau und trist anmutenden Steuerberaterberufswelt gibt es ein helles Licht, eine ›Big Band‹, die mit viel Farbe, neuem Schwung und auch mal mit Mut auffällt. Auch wenn das nicht jedem gefällt: Der Erfolg gibt Ralph Böttcher recht.

Björn Dethlefs, Steuerberater, Niederlassungsleitung SHBB Steuerberatungsgesellschaft mbH – Beratungsstelle Hamburg

Teil 3
Ihr Spickzettel

Die wichtigsten Infos übersichtlich zusammengefasst

Nachwort und Fazit

Dieses letzte Kapitel soll zwei Zwecke erfüllen: Einerseits soll es meine Methode zusammenfassen, damit Sie sie noch einmal im Schnelldurchlauf rekapitulieren können. Beim Lesen erinnern Sie sich sicherlich wieder an die einzelnen Kapitel und erfahren noch einmal die wichtigsten Punkte – kurz und bündig im Überblick.

Andererseits soll dieses Kapitel als eine Art Spickzettel dienen. Schlagen Sie diese Seiten auf, wenn Sie im Arbeitsalltag noch einmal schnell wissen wollen, welches die Kernelemente der menschenzentrierten Führungsweise sind und warum diese heute so wichtig sind. Gleichzeitig eignen sich diese Seiten perfekt, um sie Mitarbeitern und/oder Kollegen zur Inspiration zu geben.

Der Wandel in der Arbeitswelt

Zwei große Trends verändern aktuell die Arbeitswelt in Deutschland: der Einzug einer neuen, jungen Generation von Arbeitnehmern in den Arbeitsmarkt – der sogenannten Generation Y – sowie die immer weiter fortschreitende Digitalisierung.

Über beide Trends kann man sich als Arbeitgeber natürlich ärgern und sich die »guten alten«, weil einfachen, weniger anspruchsvollen, Zeiten zurückwünschen. Oder man kann umdenken, mitgehen und die Arbeitswelt zum Positiven verändern.

Wer den Wandel aktiv gestalten möchte, dem soll die Danmark-Methode dabei helfen. Der Grundgedanke ist, dass die Arbeitskultur in Dänemark fortschrittlicher und menschenzentrierter ist als in Deutschland. Wir sollten also von den Dänen lernen, wenn wir in Zukunft wirtschaftlichen und menschlichen Erfolg haben wollen.

Die Generation Y

Die Generation der etwa zwischen den Jahren 1985 und 2000 Geborenen hat von den Medien schon viele Namen bekommen: Millenials, Generation Y, um nur einige zu nennen. Genaue Definitionen gibt es nicht, deswegen nenne ich diese jungen Menschen im Folgenden der Einfachheit halber Generation Y, weil mir diese Bezeichnung am besten gefällt. Y wird im Englischen ausgesprochen wie why – warum.

In einer Umfrage der Unternehmensberatung Ernst & Young[63] nennen 72 Prozent der befragten Mitglieder der Generation Y Entfaltungschancen als höchstes Kriterium für die Arbeitgeberwahl und 56 Prozent die Work-Life-Balance. Nur 35 Prozent ist die klassische Karriere besonders wichtig. Damit unterscheidet sie sich von ihren Vorgängern, der sogenannten »Generation Golf«, die etwa der Berliner Jugendforscher Klaus Hurrelmann als »kämpferisch, konsumorientiert, repräsentabel und busy« bezeichnet.[64]

Durch den Eintritt der Generation Y in den Arbeitsmarkt verschieben sich also bisherige Werte und Normen. Bisher als »Soft Skills« bezeichnete Fähigkeiten wie Empathie und Teamfähigkeit werden zu Schlüsselkompetenzen. Der wohl aber wichtigste Unterschied zu anderen Generationen ist: Ihre Motivation zieht die Generation Y nicht länger aus materiellen Statussymbolen, für die die vorherigen Generationen bereit waren, ihr Privatleben zu opfern, sondern aus sinnvoller, produktiver Arbeit und einer Vereinbarkeit von »work« und »life«.[65]

Hat dieses Umdenken erst einmal stattgefunden, bedeutet das Arbeiten mit der Generation Y: flache Hierarchien, produktivere Beziehungen zwischen Führungskräften und Mitarbeitern, mehr Flexibilität, Kreativität und Effektivität und nicht zuletzt Offenheit und Mitgefühl füreinander.[66] Und das bedeutet natürlich auch: zufriedenere Menschen.

---

63 https://www.ey.com/Publication/vwLUAssets/EY-Absolventenbefragung_2013/%24FILE/EY-Absolventenbefragung-2013-Studie.pdf, abgerufen am 1.10.2018
64 https://www.zeit.de/2013/11/Generation-Y-Arbeitswelt/komplettansicht, abgerufen am 1.10.2018
65 https://www.zukunftsinstitut.de/fileadmin/user_upload/Publikationen/Auftragsstudien/studie_generation_y_signium.pdf, abgerufen am 1.10.2018
66 http://www.spiegel.de/karriere/generation-y-so-haben-die-millennials-die-arbeitswelt-bereits-veraendert-a-1195595.html, abgerufen am 1.10.2018

Die Digitalisierung

Nicht nur die Generation Y sorgt dafür, dass menschliche Eigenschaften in der Arbeitswelt wichtiger werden, auch eine andere Entwicklung führt dahin: die Digitalisierung – auch wenn das auf den ersten Blick vielleicht komisch erscheinen mag.

Was ich genau mit Digitalisierung meine? Den omnipräsenten technologischen Wandel. Wir erleben ihn in unserem privaten Umfeld, in der Art, wie wir kommunizieren (Stichwort: WhatsApp und Facebook) und konsumieren (Stichwort: Amazon und iTunes).

Was vor einigen Jahrzehnten womöglich noch Stoff für Science-Fiction-Literatur gewesen wäre, ist längst an der Tagesordnung. Heute produziert das größte Medienunternehmen der Welt keine eigenen Inhalte (Facebook), der weltweit größte Anbieter von Unterkünften besitzt keine eigenen Immobilien (Airbnb) und das größte Taxiunternehmen der Welt hat keine eigenen Fahrzeuge (Uber).[67]

Technischer Wandel ist an sich nichts Neues: Die Menschheit sieht sich bereits seit Jahrhunderten mit Herausforderungen konfrontiert, die durch technische Innovationen entstehen. Doch aktuell wirkt es, als vollziehe sich der Wandel in einer bisher nicht gekannten Geschwindigkeit.

Wie wird die Digitalisierung unsere Arbeitswelt verändern? Zu dieser Frage dominieren zwei Sichtweisen, die einen sehen das Glas eher halb voll und die anderen halb leer – ich gehöre zur ersten Gruppe.

---

67 https://techcrunch.com/2015/03/03/in-the-age-of-disintermediation-the-battle-is-all-for-the-customer-interface/?guccounter=1, abgerufen am 5.8.2018

Arbeitsplätze in Gefahr?

Die Pessimisten fürchten – und falsch liegen sie sicher nicht –, dass durch die zunehmende Digitalisierung und Automatisierung Arbeitsplätze wegfallen werden. Längst wissen wir, dass einfache manuelle Arbeitsprozesse durch Maschinen oder Roboter ersetzt werden können. Doch immer ausgefeiltere Maschinen sorgen dafür, dass sogar komplexe Aufgaben wie Busfahren von Algorithmen übernommen werden können.[68]

Eine viel zitierte Studie von Carl Benedikt Frey und Michael A. Osborne geht davon aus, dass rund 47 Prozent aller Beschäftigten in den USA zurzeit in Berufen arbeiten, die zumindest mittelfristig davon bedroht sind, durch Maschinen, Roboter und Computerprogramme ersetzt zu werden.[69] Darunter fallen Berufe wie etwa Telefonverkäufer, einfache Büroangestellte, Köche und Packer.

Vor allem werden wohl also Berufe wegfallen, in denen Präzision und Routine wichtig sind. Hier sind Maschinen einfach besser. Im Umkehrschluss folgt daraus allerdings, dass die Jobs der Zukunft durch spezifisch menschliche Charakteristika wie Kreativität, soziale Intelligenz und unternehmerisches Denken geprägt sein werden.[70]

Menschliche Fähigkeiten – und hoffentlich auch menschliche Forderungen – werden in der Arbeitswelt der Zukunft mehr Platz einnehmen, während eintönige Routinearbeiten und schwere körperliche Tätigkeiten nach und nach durch Maschinen ersetzt werden.

---

68 https://www.rolandberger.com/de/Point-of-View/Die-Zukunft-der-Arbeit.html, abgerufen am 5.8.2018
69 Vgl. Carl Benedikt Frey/Michael A. Osborne, The Future of Employment: How Susceptible are Jobs to Computerisation? 17.9.2013, http://www.oxfordmartin.ox.ac.uk/downloads/academic/The_Future_of_Employment.pdf«, abgerufen am 1.10.2018
70 Werner Eichhorst/Florian Buhlmann, Die Zukunft der Arbeit und der Wandel der Arbeitswelt, in: Wirtschaftspolitische Blätter, 62 (2015) 1, S. 131-148

Wir brauchen eine neue Führungskultur

Dass wir in Deutschland dringend eine neue Führungskultur brauchen, legen diverse Studien nahe. So kommt etwa die Studie »Führungskultur in Deutschland« von Prof. Dr. Alexander Cisik von der Hochschule Niederrhein zu dem Ergebnis, dass ein deutliches Missverhältnis herrscht zwischen Anspruchsniveau (»Meine Führungskraft fordert von mir höchstes Engagement«) und Unterstützungsangebot (»Meine Führungskraft bietet mir attraktive Perspektiven für die Zukunft«, »Meine Führungskraft fördert meine persönliche Entwicklung«).[71] Die meisten Unternehmen scheinen für die Ansprüche der Generation Y also nicht gerüstet zu sein.

Das Fazit der Forscher lässt die Situation in Deutschland tatsächlich alles andere als rosig erscheinen. In der Studie heißt es wortwörtlich:

- Führungskräfte fordern viel, bieten aber wenig.
- Die Führungskultur ist stärker aufgaben- als beziehungsorientiert.
- Die persönlichen Erwartungen der Mitarbeiter/innen an das Führungsverhalten werden nur bedingt erfüllt.

Abschließend schreiben die Forscher:

»Wird sich die Führungskultur in Deutschland – wenn überhaupt – nur im Schneckentempo ändern? Mag sein, es hängt aber vor allem davon ab, inwieweit Unternehmen Inhalt und Dynamik gesamtgesellschaftlicher Entwicklungen für sich und ihre Beschäftigten nutzbringend aufnehmen und umsetzen. Im Zeitalter der Industrie 4.0 verändert sich sowohl unsere Arbeit als auch unsere Einstellung dazu. Arbeit ist nicht mehr vorrangig Broterwerb, sondern immer stärker integraler Bestandteil unseres Lebens. Sie soll Spaß machen und Erfüllung bringen, aber natürlich auch wertschöpfend sein.«

Ganz ähnlich lautet die Einschätzung des Wirtschaftspsychologen Felix Brodbeck, der in einem Interview mit der Süddeutschen Zeitung über »Füh-

---

71 http://www.cisikconsulting.de/wp-content/uploads/2016/10/Führungskultur-in-Deutschland_Management-Summary_September-2016.pdf, abgerufen am 1.10.2018

rung Made in Germany« und die Sehnsucht nach neuen Managern spricht. »In Deutschland heißt Führen, hart zu sein«, sagt er.[72]

In der Studie GLOBE (Global Leadership and Organizational Behavior Effectiveness), für die 17.000 Manager der mittleren Führungsebene in 62 Ländern nach den Merkmalen einer guten Führungskraft befragt wurden, landete Deutschland bei der Humanorientierung auf einem der letzten Plätze.[73]

---

72 https://www.sueddeutsche.de/wirtschaft/fuehrungskultur-in-deutschland-heisst-fuehren-hart-zu-sein-1.501568, abgerufen am 20.10.2018
73 https://globeproject.com/study_2004_2007, abgerufen am 28.9.2018

Mein Gegenentwurf: Die Danmark-Methode

Bei der Danmark-Methode geht es vor allem darum, wie man gute Beziehungen zu anderen Menschen (Mitarbeitern, Kollegen, Geschäftspartnern usw.) schafft. Doch wieso sind Beziehungen wichtig? Geht es bei der Arbeit nicht in erster Linie darum, eine Aufgabe zu erledigen? Sind Beziehungen nicht vor allem etwas, was wir zu Hause haben, zu unseren Partnern und Kindern?

Ich bin überzeugt, dass in jeder Firma die guten Beziehungen zwischen den Mitarbeitern an erster Stelle stehen sollten. Erst dann folgt die zu erledigende Aufgabe, das Projekt oder woran man gerade arbeitet. Dennoch erscheint es so, dass wir immer mehr arbeiten sollen, um uns immer mehr leisten zu können. Natürlich ist es schön, viel Geld zu haben – aber ist das die großen Opfer wert, die viele für ihren Job erbringen? Druck und Stress wirken sich schließlich nicht nur auf einen selbst aus, das ganze Familienleben und auch die Freundschaften werden davon beeinflusst.

Was macht wirklich glücklich?

Meine Philosophie besagt, den Grundstein für ein glückliches und zufriedenes Leben sollte man schon bei der Arbeit legen. Aber wie geht das? Was macht bei der Arbeit – und auch sonst – wirklich glücklich? Ich spreche hier nicht nur von kleinen Annehmlichkeiten wie einer Schale mit frischem Obst in der Küche oder einer modernen Kaffeemaschine, mit denen viele Start-ups versuchen, sich ein »Hier-wirst-du-glücklich-Image« zu verpassen. So einfach ist es natürlich nicht.

Also, was macht wirklich glücklich? Diese Frage stelle nicht nur ich mir, auch Forscher der Universität Harvard haben sie sich gestellt. Herausgekommen ist die längste jemals durchgeführte Studie zu diesem Thema. Mehr als 75 Jahre haben die Forscher das Leben von 724 Männern verfolgt. Jedes Jahr fragten sie nach ihrer Arbeit, dem Familienleben und ihrer Gesundheit. Inzwischen sind natürlich auch Frauen ein Teil der Studie. Dass es zunächst nur Männer waren, ist den Umständen im Amerika des Jahres 1938 geschuldet, als die Studie gestartet wurde.

Der aktuelle Studienleiter Robert Waldinger erklärt in einem TED-Vortrag: »Die wichtigste Botschaft aus der 75-jährigen Studie lautet: Gute Beziehungen machen uns glücklicher und gesünder.«[74]

---

74 https://www.ted.com/talks/robert_waldinger_what_makes_a_good_life_lessons_from_the_longest_study_on_happiness/transcript#t-372823, abgerufen am 1.10.2018

Lernen von den Dänen

Nach meiner Erfahrung sind die Dänen besonders gut darin, Beziehungen zu knüpfen. Es gibt für den starken Gemeinschaftssinn sogar ein eigenes Wort, die *fællesskab*. Ein Satz, den Sie in Dänemark häufig hören werden, ist: »Lad os gøre det i fællesskab.« – »Lass uns das gemeinsam erledigen.«

In Dänemark trägt der Job dazu bei, dass jemand das Gefühl hat, langfristig etwas Sinnvolles zu tun, eine sichere und erfüllende Konstante im Leben zu haben, und der Job kann dabei helfen, sich zu motivieren und sich Tag für Tag mit neuen Herausforderungen auseinanderzusetzen. So kommt der *Job Satisfaction Index* zu der Erkenntnis, dass die Arbeitssituation einen hohen Einfluss auf das generelle überdurchschnittliche Glück der Dänen hat: Positive Effekte sind etwa der Wille, an Projekten aktiv teilzunehmen, die Lust, etwas zu verändern, und das Gefühl von Eigenständigkeit und Erfolg.

Woran liegt das genau? In der Studie wurden sieben Hauptfaktoren festgestellt, die die Arbeitswelt in Dänemark so arbeitnehmerfreundlich machen. Diese sieben Faktoren umfassen, in der Reihenfolge der Relevanz für die generelle Jobzufriedenheit:

- Bedeutung und Sinn der Arbeit
- das Gefühl, die Arbeit unter Kontrolle zu haben und zu schaffen
- die Qualität der Führungskräfte
- Ausgeglichenheit zwischen Arbeit und Privatleben
- das Gefühl, tatsächlich etwas bewegen zu können und das Sagen zu haben
- der Fortschritt oder die Ziele der Arbeit
- gutes Klima unter Kollegen und Kolleginnen

Es gibt immer einen Weg

Viele Probleme, viele Dilemmas, viele Sackgassen, denen wir in unserem Leben begegnen, erscheinen nur als solche, weil wir sie aus einem bestimmten Blickwinkel betrachten. Wenn wir das Problem in einem neuen Zusammenhang sehen, erscheinen neue Möglichkeiten, über die wir vorher nicht nachgedacht haben. Dieser Prozess wird auch Reframing genannt.

Wann immer Sie in einer Sackgasse stehen, fragen Sie sich: Welche (unbewussten) Annahmen mache ich, durch die die Situation als schwierig oder unlösbar erscheint? Welche anderen Wege gibt es, über die ich noch nicht nachgedacht habe, die mir neue Möglichkeiten eröffnen?

Das Besondere in jedem Menschen

Michelangelo hat einmal gesagt: »In jedem Block Stein oder Marmor verbirgt sich eine wunderbare Statue, man muss nur das ganze Material drumherum entfernen, um das Kunstwerk darin freizulegen.«

Wenn man dieses Zitat auf die Unternehmenswelt überträgt, besagt es, dass wir als Führungskräfte in jedem Menschen in unserer Umgebung das (womöglich verborgene) Potenzial entdecken sollen. Wir sollten uns ständig fragen: Was ist der Zauber, die Einzigartigkeit der Personen um mich herum? Dies ist eines meiner Lieblingsthemen, über das ich immer wieder sehr gerne spreche.

Man kann dieses Zitat nicht nur auf die Unternehmenswelt übertragen, auch in die Welt der Bildung passt es hervorragend. Wenn wir davon ausgehen, dass in jedem Kind eine wunderbare Begabung steckt, die wir nur freilegen müssen, würde das unser Bildungssystem grundlegend verändern. Wir würden dann sehen, dass es sinnlos ist, Kinder miteinander zu vergleichen, und jedes Kind würde individuell gefördert werden, damit seine Begabung so gut wie möglich zum Vorschein kommt.

Gut zu anderen sein

Oft geschieht es, dass Mitarbeiter etwas mit einer guten Absicht tun und dafür getadelt werden. Die wenigsten haben dann allerdings den Mut, ihrem Chef die Meinung zu sagen. Ebenso schädlich ist es, wenn gute Taten nicht bemerkt oder nicht ausreichend gewürdigt werden.

Ich habe mir deshalb fest vorgenommen, Mitarbeiter dabei zu erwischen, wenn sie etwas Tolles machen. Ich nenne es den Adlerwert der DanRevision Gruppe; Adler deshalb, weil wir genau aufpassen müssen, um auch jede Kleinigkeit zu bemerken. Dieses Prinzip habe ich vor vielen Jahren eingeführt und inzwischen macht es mir eine höllische Freude, die Menschen dabei zu erwischen, wenn sie etwas Gutes tun.

Während meiner Ausbildung zum Mental Coach habe ich viel darüber erfahren, was es mit Menschen macht, wenn man sie dabei »erwischt«, wenn sie Gutes tun. Macht sich das jeder in der Firma bewusst, entsteht in dem jeweiligen Umfeld eine wunderbare Energie, die sich nur schwer beschreiben lässt.

Neue Möglichkeiten entdecken

Was ist der Unterschied zwischen Menschen, die vor Energie strotzen, und jenen, die tagein, tagaus derselben Routinetätigkeit nachgehen? Die einen sehen nur den Status quo, die anderen sehen ständig neue Möglichkeiten. Wir alle haben wohl schon einmal Momente erlebt, in denen die Energie nur so floss und in denen wir das Gefühl hatten, alles schaffen zu können. Oft waren es herausfordernde Momente, aber solche, in denen wir eine Vision vor Augen hatten.

Als Führungskraft finde ich es besonders spannend, zu erleben, wie meine Mitarbeiter ihre Visionen verfolgen – und zu erleben, wie sie plötzlich vor Energie strotzen. Ich versuche, sie dabei so gut wie möglich zu unterstützen.

Eine Vision ist im Idealfall nicht nur etwas, was einem selbst nützt, sondern sie ist Teil von etwas Größerem. In dem Buch »Good Business« des Kreativitäts- und Flowforschers Mihaly Csikszentmihalyi werden Geschäftsführer interviewt, die von ihrem Umfeld als sehr erfolgreich und zugleich sehr ethisch handelnd, mit großem sozialem Verantwortungsgefühl beschrieben werden. Diese Leute definieren Erfolg als etwas, das anderen hilft und einen zur selben Zeit glücklich macht, während man daran arbeitet.

Wie kann ich helfen?

Aufmerksam gegenüber kleinen Dingen zu sein und die Umgebung bewusst wahrzunehmen, ist heute – auch nach mehr als 20 Jahren – ein wichtiger Bestandteil meiner Führungsphilosophie.

Dabei geht es nicht nur um positive Dinge. Es gibt ja auch die Situation, in der man morgens in die Firma kommt und spürt: Da stimmt etwas nicht. Dann frage ich mich:

- Was ist los?
- Was stimmt nicht?
- Wie kann ich helfen?

Es kann schließlich viel los sein im Leben: Die private Partnerschaft ist in Bewegung, ein Trauerfall daheim, ein krankes Kind. Vielerorts trifft man Chefs, die von Mitarbeitern in erster Linie erwarten, dass sie bei der Arbeit funktionieren.

Ich allerdings bin der Meinung, dass ich für meine Mitarbeiter als ganzer Mensch verantwortlich bin. Wenn ich merke, dass etwas verkehrt ist, sehe ich das nicht nur als ihr Problem, sondern auch als meine Herausforderung, sie bestmöglich zu unterstützen.

Anhang

Ich halte es für essenziell, die Grundsätze, nach denen man sein Unternehmen führen möchte, schriftlich festzuhalten. Das »Leitbild der DanRevision Gruppe« ist ein Beispiel dafür. Übernehmen Sie gerne Zeilen, die Ihnen gut gefallen, für Ihr eigenes Leitbild.

Leitbild der DanRevision Gruppe   !

Menschen spielen in unserem Leben die größte Rolle und stehen daher auch im Arbeitsleben im Mittelpunkt unseres Interesses.

Wir beraten und betreuen unsere Mandanten in allen steuerlichen und wirtschaftlichen Bereichen, jeweils in ihrer Muttersprache. Wir sprechen kein Fachchinesisch, sondern verstehen uns als »Übersetzer« der komplexen Beratungsfelder für unsere Mandanten. Am liebsten sprechen wir in Beispielen und Bildern. Wir finden für jede Herausforderung eine Lösung.

Wir sind besonders serviceorientiert und kümmern uns mit außerordentlichem Einsatz um jeden Mandanten. Im Bereich Service wollen wir zu den Besten in Deutschland gehören und uns aus der Masse deutlich hervorheben. Unsere Einstellung »wir helfen Ihnen« ist das Fundament jeder Mandantenbeziehung.

Bei uns ist das Erstgespräch immer gratis, aber niemals umsonst. Wir wollen, dass jeder einen Nutzen aus dem ersten Gespräch mit uns hat.

Qualitative Höchstleistung ist für uns eine Selbstverständlichkeit. Hierzu zählt die fachliche Qualität ebenso wie die Qualität unseres Services, die Transparenz bei der Honorarberechnung sowie die Geschwindigkeit bei der Bearbeitung der an uns gerichteten Aufträge und Anfragen.

Ein ehrliches und faires Verhalten ist bei uns die Grundlage aller Geschäfte.

Unser gemeinsamer Erfolg hängt von Menschen ab.

Daher suchen wir Menschen mit dem »Blitzen in den Augen«, mit besonderen Lebensläufen und Erfahrungen. Wir wollen Spaß bei der Arbeit haben – denn nur wer etwas mit Freude macht, kann auch viel bewegen – ganz nach skandinavischer Art.

Im Folgenden lesen Sie den Artikel »Bei uns gibt es keine Hierarchien«, in dem meine gesellschaftsrechtliche Partnerin Olga Kress die Arbeitsatmosphäre beschreibt, die bei erfolgreicher Umsetzung der Danmark-Methode entsteht.

! **Zeitungsartikel aus dem Flensburger Tageblatt vom 24.09.2016**
(Abdruck mit freundlicher Genehmigung des Verlags)

Bei uns gibt es keine Hierarchien
Steuerberaterin Olga Kress über ihre Arbeit in einem Betrieb mit einer besonderen Unternehmensführung

Flensburg

Olga Kress ist stolz auf ihr Unternehmen. Die 32-Jährige arbeitet im Steuerberatungsunternehmen DanRevision in Handewitt (Kreis Schleswig-Flensburg) und hat ihren Betrieb für den Wettbewerb »Klasse gemacht! Vorbildliche Unternehmen in Schleswig-Holstein« angemeldet. Im Interview mit unserer Zeitung spricht sie über den Grund für die Bewerbung, den demografischen Wandel und flache Führungshierarchien.

Frau Kress, Ihr Unternehmen hat sich bei unserem Wettbewerb »Vorbildliche Unternehmen in Schleswig-Holstein« beworben. Warum ist gerade Ihr Betrieb beim Thema demografischer Wandel besonders vorbildlich?

Wie jedes Unternehmen müssen auch wir uns zwangsläufig mit dem demografischen Wandel beschäftigen. Das Hauptproblem ist dabei natürlich die Rekrutierung von neuem Personal und die Frage, wie man gute Fachkräfte halten kann. Wir haben dies zum Anlass genommen und uns mit diesem Thema auseinandergesetzt. Unser Chef – der eigentlich lieber Trainer genannt werden möchte – hat den Traum von einer werteorientierten Unternehmensführung. Unsere Philosophie besagt, dass der Mensch im Mittelpunkt steht und dies auch wirklich so gelebt wird. Wir haben dabei alle eine Vorbildfunktion und haben dadurch einen außergewöhnlich familiären Zusammenhalt erreicht.

Wie kann man sich das genau vorstellen?

Besonders ist, dass wir keine Hierarchien haben und miteinander per Du sind. Jeder – unabhängig von seiner Funktion – ist wichtig. Es wird mit 100 Prozent Vertrauen geführt. Arbeit und Arbeitszeiterfassung erfolgen selbstständig und eigenverantwortlich und werden nicht kontrolliert. Vorgaben gibt es nur, wo unbedingt exakt gearbeitet werden muss. Wir sind ein Team. Das Erreichen gemeinsamer Ziele steht vor interner Konkurrenz, wir gewinnen – aber wir verlieren auch gemeinsam. Unsere interne Buchhaltung ist offen, bei uns weiß jeder, was der andere verdient und wie die wirtschaftliche Situation des Unternehmens ist. Unsere Auswertung hängt für alle sichtbar monatlich aus. Die Mitarbeiter sind bei den unternehmerischen Entscheidungen dabei und erhalten so die Möglichkeit, das Unternehmen selber zu führen.

Funktioniert die tägliche Arbeit denn überhaupt, wenn es in einem Unternehmen keine Hierarchien gibt?

Es ist nicht die übliche Art der Unternehmensführung, das stimmt. Es gibt dafür viel Pro und Kontra. Ich habe allerdings die Erfahrung gemacht, dass man damit erfolgreich sein kann – wenn man es auch lebt. Dann kommt es authentisch rüber und es wird einem abgenommen. Und wir sind dann vielleicht auch ein Vorbild für unsere Mandanten, dass sie in ihren Unternehmen eine ähnliche Philosophie umsetzen.

Können Sie konkrete Beispiele nennen, wie Sie die Auswirkungen des demografischen Wandels gering halten?

In unserem Betrieb finden sich Menschen aller Altersklassen. Von Auszubildenden bis zu einer älteren Kollegin, die dieses Jahr in Rente geht. Sie wurde im Alter von 46 Jahren bei uns eingestellt, zuvor war ihr in einem anderen Steuerberatungsunternehmen aus Altersgründen gekündigt worden. Unser Chef hat diese Entscheidung ganz bewusst getroffen, weil sie Lebenserfahrung und immer noch das berühmte Glänzen in den Augen hat. Sie hatte immer ein offenes Ohr für uns und war eine echte Vertrauensperson. Wir haben von ihrer Lebenserfahrung und der positiven Lebenseinstellung extrem profitiert – gerade die jüngeren Leute.

Und was wird für junge Leute getan?

Ein Kollege, der mit 31 Jahren auf der Suche nach beruflicher Neuorientierung war, hat bei uns eine Ausbildung zum Steuerfachangestellten begonnen und in diesem Jahr erfolgreich beendet. Er hat seine Chance vor drei Jahren genutzt und arbeitet heute in einem unbefristeten Arbeitsverhältnis für uns. Insgesamt sind viele Leute nach ihrer Ausbildung bei uns geblieben, die erste Auszubildende, die unser Chef eingestellt hat, ist heute 16 Jahre in unserem Unternehmen. Das Alter spielt bei uns insgesamt jedoch kaum eine Rolle. Wir sind offen für alle und nutzen die Möglichkeit, Erfahrung und jugendliche Energie zusammenzubringen. Das tut uns gut.

Gibt es denn gar keine Probleme?

Man wächst mit seinen Herausforderungen, das tun wir auch. Wir passen uns den gegebenen Situationen an und setzen uns von der Masse ab. Wir haben dabei für uns entdeckt, dass wir gut sind in der Steuerberatung für den grenzüberschreitenden Bereich. Deshalb haben wir uns auf den dänischen Markt spezialisiert. Damit einhergeht, dass wir regelmäßig Fort- und Weiterbildung machen, um diese Position auch zu halten.

Interview: Julian Heidt

Hier die ungekürzte Version des Artikels »Der Menschenfischer zwischen den Meeren«, in dem der Journalist Claas Beckmann verschiedene Aspekte der Danmark-Methode charakterisiert. Mit seinen verschiedenen Geschichten und Szenen soll Ihnen der Artikel Möglichkeiten zeigen, wie die Danmark-Methode im Kanzleialltag eingesetzt werden kann. Lassen Sie sich inspirieren.

! **Zeitungsartikel aus dem StBMag Nr. 1 vom 30.01.2012**
(Abdruck mit freundlicher Genehmigung des Verlages), Namen geändert

Unternehmen: Steuerberatung

Die Menschenfischer zwischen den Meeren
Von Claas Beckmann

Anders als der Name vermuten lässt, betreut die DanRevision nicht nur skandinavische Mandate grenzüberschreitend, sondern zum Beispiel auch chinesische. Aber auch in Deutschland will die Kanzlei aus Schleswig-Holstein hoch hinaus.

Etwas über die DanRevision zu erfahren, ist nicht schwer. Die Homepage informiert ausführlich. Das Leitbild der Kanzlei lässt sich auf der Facebook-Seite der DanRevision Gruppe nachlesen. Veranstaltungen und Neuigkeiten der Gruppe und der einzelnen Kanzleien werden auf Twitter angekündigt. Die Auszeichnung der Azubis – im Stile einer Oscar-Verleihung samt goldener Statuen und humorvoller Dankesreden – lässt sich als Film auf YouTube nacherleben.

Schwer zu finden ist die DanRevision auch nicht: Die A 7 hoch und kurz vor Dänemark links abbiegen. Die Zentrale der DanRevision liegt in Handewitt vor den Toren Flensburgs. Ein weißer Bungalow mit roten Akzenten. Auf der Südseite des Dachs glänzen Solar-Panele in der Sonne. Eine Reihe Oberlichter im Dach lassen das Atrium erahnen. Vor dem Haus flattert eine DanRevision Fahne im Wind, weiße Schrift auf rotem Grund. Im Empfang setzt sich das Farbspiel fort: weiße Wände, rote Ledersofas.

Die DanRevision lässt sich auch schnell mit den gewöhnlichen Parametern beschreiben: Eine Kanzlei-Gruppe mit den Standbeinen Steuerberatung, Wirtschaftsprüfung, Rechtsberatung und Wirtschaftsberatung. Viel grenzüberschreitende Beratung, anfangs mit dem Schwerpunkt auf Skandinavien. Umsatz 7,5 Mio. Euro. 12 Partner und fünf angestellte Steuerberater. Rund 100 Mitarbeiter. Sieben Standorte in Schleswig-Holstein, einer in Hamburg, einer in Frankfurt.

Ungewöhnlich wird es, wenn man Dipl.-Bw. StB Ralph Böttcher über die Gruppe, ihre Arbeitsweise und Ziele reden hört. Einerseits: Klare Zukunftsvorstellungen, in Zahlen gegossen und im Leitbild der Kanzlei verankert. Und andererseits ein Schwerpunkt auf einem fairen und humorvollen Umgang untereinander, gepaart mit viel Entscheidungsspielraum für die Mitarbeiter: »Unsere Mitarbeiter sollen alles tun oder lassen, damit die Kunden zufrieden sind. Die Grenzen dieses Spielraums setzen Gesetz und Moral«, sagt Böttcher vorab in einem Telefonat. Der Name DanRevision soll nicht nur auf die traditionelle Ausrichtung nach Dänemark hinweisen, sondern auch für dänisch inspirierte Unternehmenskultur stehen: flache Hierarchien, ein respektvolles »Du« im kanzleiinternen Umgang, wie es auch im skandinavischen Raum üblich ist, und schnelle Entscheidungen.

Böttcher hat mit StB Thomas Möller das Werk der Kanzleigründer weiterentwickelt und eine Schar von Partnern mit ins Boot geholt. »Wir wollen bis 2025 in jedem Bundesland vertreten sein und zu dem Fünftel der am besten geführten Kanzleien in Deutschland gehören«, sagt Böttcher.

Ungewöhnlich auch, wie sich die Gruppe erweitert. Wenn Mitarbeiter Ambitionen zeigen, ihren Bereich in unternehmerischer Verantwortung fortzuführen, dann bekommen sie die Chance auf eine eigene Firma mit Anbindung an die Gruppe. So kam die ehemalige Angestellte Maria Angerich zu ihrem Dienstleistungsunternehmen, das von den Gesellschaften der Gruppe genutzt wird. »Das ist unser Modell ›Indien in Deutschland‹«, scherzt Böttcher über diese Form des Outsourcings. Nicht alltäglich sind auch die Konditionen für angehende Partner: Ihre halbjährige Bewährungszeit wird sehr dürftig honoriert. »Wenn das jemand annimmt, weiß ich, es geht ihm nicht um das Geld, sondern um die Chance«, sagt Böttcher vorab. »Heute führt unser Partner Björn Pedersen, der das zu Beginn mitmachte, mit der Steuerberatungsgesellschaft in Kiel die aus Bankensicht beste Kanzlei der Gruppe.«

StB Karsten Hartmann, ein weiterer Partner, hat im ersten vollen Jahr seiner Partnerschaft vier Sommermonate gefehlt. »Thomas Möller und ich haben ihn gefragt: Jetzt träumen Sie doch mal. Wo wollen Sie mal hin? Und Karsten Hartmann hat immer von einer Weltumseglung geträumt. Also hat er die ersten vier Sommermonate seiner Arbeitszeit auf dem Schiff verbracht und hat dann zwar nicht die Welt, aber Skandinavien umsegelt. Die anderen Partner haben so lange für ihn mitgearbeitet. Übrigens alles im Gesellschaftervertrag notiert.«

Neben der Kanzlei steht das frisch gebaute Nordic Network Center (NCC). Allen in diesem Gebäude ansässigen Gesellschaften gemeinsam ist, dass sie ausländischen Unternehmen helfen, in Deutschland Fuß zu fassen. Das Service-Versprechen des NCC: Alles, was zum Start einer Gesellschaft in Deutschland nötig ist bei einem Termin, zum Beispiel: Gesellschafts- und Anstellungsverträge, Maklerverträge (Versicherungen/Immobilien) und Kontoeröffnung.

Pressearbeit – auch im Ausland

Die Arbeit im NNC setzt Böttchers Ansatz aus der Kanzlei fort: Beratung ausländischer Mandanten in ihrer Muttersprache. »Wir könnten auch deutsche

Windparks betreuen, aber das kann auch jeder andere deutsche Steuerberater«, sagt Böttcher. »Seitdem viele Kanzleien ihre Pressearbeit verstärken, verstärken wir unsere Pressearbeit im Ausland. Viele Kollegen twittern, wir twittern auf dem chinesischen Equivalent zu Twitter – auf Chinesisch.« Etwa 20 Fremdsprachen, neben Dänisch auch Chinesisch, Französisch oder Japanisch, bietet die Kanzlei an. Wirtschaftlich ist das NNC nach Böttchers Angaben ein Erfolg: voll vermietet, zu Preisen wie in Frankfurt am Main. Wegen der anhaltenden Nachfrage bietet die NNC GmbH eine Ergänzung des baulichen Netzwerks in Form eines kostenpflichtigen virtuellen Netzwerks, bei dem sich bereits mehr als 40 Investoren angemeldet hätten. Der Flur in der Kanzlei nebenan führt ringförmig um das Atrium herum, das für Veranstaltungen genauso wie zur gemeinsamen Frühstückspause genutzt wird. Und auch die Kaffeetassen in den Konferenzräumen sind rot-weiß. Ralph Böttchers Büro findet sich in einem Anbau. Die DanRevision expandiert. Seit dem ersten Telefonkontakt sind einige Monate vergangen. Die Partnerzahl ist in dieser Zeit von acht auf zwölf gestiegen.

In Böttchers Büro stehen Familienfotos neben dem Monitor, Zeichnungen seiner beiden Töchter hängen an den Wänden. Auf einem großen TV-Schirm zeigt er die Unternehmens-Präsentation. Und als eine Folie die Partner zeigt, ist es fast so, als würde Böttcher die erweiterte Familie vorstellen: Jeder wird mit seinen fachlichen Stärken vorgestellt, wie er zur Gruppe kam, mit welchen Projekten dessen Gesellschaft glänzt, wie seine charakterlichen Züge die Stärken des Teams erweitern oder ausbalancieren.

Böttcher: Ich entscheide immer sehr schnell, das ist manchmal nicht gut. Die anderen Partner müssen mich dann wieder einfangen. Jens Siegel ist mit mir Geschäftsführer in unserer DanRevision Holding und passt auf, dass ich nicht überdrehe. Lasse Kurth ist mein Gegenpart im Marketing und bremst mich dort, wenn ich zu viel will.

Wie gehen Sie denn mit solchen Gegensätzen um?
Das nervt schon manchmal, da reagieren alle Beteiligten menschlich und müssen sich vielleicht mal einen Tag beruhigen. Wir wissen aber, dass unsere gemeinsame Stärke sich aus den individuellen Stärken zusammensetzt. Jeder Partner ist ein Unikat und ist eben genau deshalb im Partnerkreis. Wenn sich aber ein spontanes Problem stellt und wir entscheiden müssen, wer sich dessen annimmt, dann zeigen alle sofort und ohne Absprache auf denselben, am besten geeigneten Kandidaten. Und langfristig haben diese Auseinandersetzungen noch einen erzieherischen Effekt.

Welchen Effekt meinen Sie?
Dadurch, dass ich auch mal danebenliege oder zurückstecken muss oder dadurch, dass Thomas Möller oder ich jemand anderen für ein bestimmtes Problem als

kompetenter als uns selbst ansehen, wächst das Vertrauen unter den Partnern. Denn einige Partner kommen von großen Beratungsgesellschaften, wo solch ein Verhalten als Schwäche ausgelegt und gegen einen verwendet werden könnte. Hier bei uns wollen wir uns aber nicht verstellen müssen.

Sie betonen in Ihrem Leitbild, dass der Mensch im Mittelpunkt steht. Woher kommt diese menschenzentrierte Ausrichtung?

Jens Uwe Hansen hat diese Kanzlei vor gut 45 Jahren gegründet und er hat dieses Prinzip vorgelebt. Das ist bei ihm kein angelerntes Management-Wissen, sondern er ist einfach so vom Typ her. Er hat mich geprägt und viele gute Steuerberater hervorgebracht. Als mein Vater starb, hat Jens Uwe Hansen sofort alles stehen und liegen lassen und war für mich da. Nachdem Thomas Möller und ich die Kanzlei dann weiterführten, haben wir Hansens Prinzipien einfach mal auf Papier ausformuliert. Das war die Geburtsstunde unseres Kanzlei-Leitbildes. Die Herausforderung war es, das Leitbild später auch in den Köpfen unserer neuen Partner zu verankern.

Und wie sind Sie das angegangen?

Wir haben Senior Partner Thomas Möller und Junior Partner Karsten Hartmann beauftragt, ein Update des Leitbilds zu formulieren. Es wurde dann nach Vorbereitung der Dinge am Ende hart und lautstark mit unseren acht Holdingpartnern gemeinsam gerungen, ob an einer Stelle nun ein »und« oder ein »oder« hingehört. Da wusste ich, wenn es schon um solche Details geht, haben sie die dahinterstehende Philosophie längst verinnerlicht. Das Leitbild formuliert unsere Einigkeit darüber, wie wir unsere Arbeit tun und wohin wir wollen.

Das überarbeitete Leitbild wurde dann von den Partnern gemeinsam verabschiedet. Ein Foto dieses Aktes zeigt die Partnerriege um einen Tisch. Alle Hände sind durch ein Band verbunden, das den Zusammenhalt symbolisieren soll, und auf allen Nasenspitzen prangen rote Clownsnasen. Es macht Böttcher Spaß, dieses Foto vorzuzeigen.

Clownsnasen, Herr Böttcher?

Wir sind so. Wir haben Spaß, lachen viel – auch wenn wir mal die Nacht durcharbeiten müssen. Zeitdruck gibt es auch in unserer Kanzlei, gerade durch die internationalen Steuertermine. Aber wir wollen es gut miteinander haben. Und es gibt Wichtigeres als Umsatz. Auch daran soll die rote Nase erinnern.

Als sich Böttcher mit der roten Schaumgummi-Nase fotografieren lässt, fällt es ihm schwer, ernst zu schauen. Ein kleines Grüppchen Mitarbeiter steht in der Tür und singt: »Du hast die Nase schön, du hast die Nase schön!« Böttcher feixt zurück. Die rote Nase liegt übrigens griffbereit in seiner Schreibtischschublade, kommt auch mal in Mandantengesprächen zum Einsatz und hat dem Wachstum der Gruppe nicht geschadet.

Wachstum

Von 2004 bis 2011 hat sich der Gruppen-Umsatz nach Böttchers Angaben mehr als verzweieinhalbfacht, auf jetzt 7,5 Mio. Euro. Wer so schnell wächst, zieht Aufmerksamkeit auf sich – und nicht immer wünschenswerte Aufmerksamkeit. Um nicht immer wieder aufs Neue auf jede von Kollegen initiierte Kammeranfrage reagieren zu müssen, hat Böttcher den Spieß umgedreht: Jede Marketingmaßnahme, jeden Text auf den Internetseiten lässt er sich schriftlich von der Steuerberaterkammer absegnen. Die weiterhin einströmenden Anfragen von um das Berufsrecht besorgten Kollegen kann die Kammer jetzt meist ohne Nachforschung bearbeiten.

Sie haben jüngst eine Filiale in Frankfurt am Main eröffnet.
Wie gehen Sie bei der Expansion vor?
Böttcher: Wir sind ständig auf der Suche und die nächsten beiden Niederlassungen stehen kurz vor der Eröffnung. Meist haben wir entweder einen potenziellen Partner in petto oder eine geeignete Kanzlei, es muss dann nur räumlich und zeitlich passen. Ich antworte auf alle Praxis-Inserate und stehe laufend mit einem guten Dutzend Kanzleien in Verhandlungen. Ein Praxiserwerb dauert circa zwei Jahre. Wir gehen solche Bindungen nicht leichtfertig ein. Beim ersten Telefonat spürt man schon, ob die Chemie stimmt. Was das weitere Kennenlernen angeht, so lege ich Wert auf vollkommene Transparenz. Ich gebe den Verkäufern Bankreferenzen und Kontakte zu anderen Beratern, deren Praxis wir übernommen haben oder die jetzt bei uns an Bord sind. Wenn ich die Kanzlei das erste Mal besuche, weiß ich, wie sie geführt wird. In manchen Kanzleien geht es steril zu und man sieht keine Familienfotos auf den Schreibtischen der Mitarbeiter. In anderen Kanzleien fühlt man sich gleich heimisch.

Beauftragen Sie für die Suche auch Kanzleivermittler?
Nein, Kanzleivermittler suchen Kanzleien nach wirtschaftlichen Kriterien aus. Ich suche die Praxis nach den Menschen aus. Wenn ich die Wahl hätte zwischen einem guten Mandanten und einem guten Mitarbeiter, ich würde den Mitarbeiter wählen. Denn wenn man die richtigen Menschen hat, klappt der Rest von allein. Die Gretchenfrage beim Kanzleiverkauf ist immer: Meint der andere es gut mit mir? Das Bauchgefühl muss stimmen.
Die DanRevision Gruppe beteiligt sich immer zu mindestens 25 Prozent an den neuen StB-Gesellschaften, die wiederum ein Prozent des Umsatzes als Lizenzgebühr an die Gruppe zahlen und 2,5 Prozent in das Marketing stecken müssen. Böttcher lacht oft. Gern über sich. Wenn er Projekte erläutert, dann endet das oft in einer doppelten Frage, die er gleich selbst beantwortet: »Klappt das immer perfekt? Nein. Klappt es meistens sehr gut? Ja.« Und wenn er Herangehensweisen beschreibt, dann endet die Beschreibung oft mit dem Satz: »Aber ich bin ja auch

verrückt«. Er kokettiert damit, dass seine Kanzlei-Kollegen das Steuerrecht vielleicht ein bisschen besser drauf haben. Und gleichzeitig klingt Stolz und Bewunderung durch für Jahrgangsbeste, die er für die DanRevision gewinnen konnte,
über Promotionen oder Buchprojekte seiner Partner. Aber auf eines lässt er nichts
kommen: seine unternehmerische Ader.

Böttcher hat BWL studiert. Er hat dafür weniger Zeit benötigt, als die Regelstudienzeit vorsieht. Eine Leistung, die das Bafög-Amt durch einen teilweisen
Erlass der BAföG-Rückzahlung honoriert. Ein Wirtschaftsstudium wirtschaftlich
absolviert. Lektion gelernt.

Es geht locker zu bei der DanRevision, aber die Gruppe wird nicht lax geführt.
Ausbildungsplatz-Angebote der DanRevision sind auf Social-Media-Plattformen zu
finden, so erreichen sie schneller die Jugendlichen und können leichter weiter-
gereicht werden. Außerdem kosten diese Gesuche im Gegensatz zu Zeitungs-
anzeigen kein Geld. Und wenn Böttcher beschreibt, dass auf den kanzleieigenen
Servern neben Simba- neuerdings auch Datev-Software vorgehalten wird, dann
zeigt er einen etwas schmerzverzerrten Gesichtsausdruck. Diese Preise! Aber gut,
manche Berater schwören darauf, es erleichtert die Anbindung neuer Kanzleien
– und außerdem tragen die angeschlossenen Steuerberatungsgesellschaften ihre
Software-Kosten direkt.

Böttcher: Ich bin Unternehmer durch und durch. Ich denke nicht jede Sekunde
ans Geld, aber ich weiß, wie ich es verdienen kann. Ich probiere wahnsinnig gern
Sachen aus und sage dann oft: Das klappt bestimmt nicht, lasst es uns probieren.
Und der Tag, an dem ich daran keinen Spaß mehr habe, wird der Tag sein, an dem
ich aufhöre.

Haben Sie denn einen persönlichen Plan für Ihre Alterszeit?
Ausstiegspläne habe ich überhaupt nicht. Aber die Regelung »mit 65 müssen alle
raus« ergibt durchaus einen Sinn. Da sollte ich keine wichtigen Entscheidungen
mehr blockieren können, aber natürlich noch Rat erteilen dürfen. In unserer
DanRevision Holding allerdings darf ich hier laut Vertrag bis ans Lebensende
bleiben und das möchte ich auch.